MÉMOIRE

A CONSULTER

POUR LA

GUÉRISON DES PHTHISIQUES

PAR

Le Dr Frédéric MORIN

De St-Saturnin, près Clermont-Ferrand

MÉDECIN CONSULTANT A LA BOURBOULE

Des faits, et une déduction
logique de ces faits.

PARIS

ASSELIN, ÉDITEUR, PLACE DE L'ÉCOLE-DE-MÉDECINE.

1880

MÉMOIRE

À CONSULTER

POUR LA

GUÉRISON DES PHTHISIQUES

PAR

Le Dr Frédéric MORIN

De St-Saturnin, près Clermont-Ferrand

MÉDECIN CONSULTANT A LA BOURBOULE

> Des faits, et une déduction
> logique de ces faits !

PARIS

ASSELIN, ÉDITEUR, PLACE DE L'ÉCOLE-DE-MÉDECINE.

1880

AU CORPS MÉDICAL DU MONT-DORE

JE DÉDIE CE PETIT LIVRE.

———*———

Vous honorez grandement, Messieurs, la science hydrologique. La Société de médecine que vous avez constituée m'a donné jusqu'ici trop de preuves de sympathie pour que je n'aie pas saisi la première occasion qui s'offrait à moi de vous en rendre un public hommage. Je compte resserrer ainsi les liens de confraternité qui doivent unir les médecins des deux premières stations thermales d'Auvergne, trop voisines pour être rivales, et qui se prêtent journellement un mutuel concours dans le vaste champ de leur exploitation médicale.

FRÉDÉRIC MORIN.

HISTORIQUE DE CE MÉMOIRE

En 1874 je me rendis au Mont-Dore et à la Bourboule en
pleine saison thermale, dans le but de faire connaître aux
principaux médecins de ces deux stations, un traitement
que j'appliquais depuis quelques années déjà, et non. sans
succès, aux malades atteints de phthisie pulmonaire. Le
nombre de plus en plus grand des phthisiques qui aban-
donnent les eaux des Pyrénées pour les eaux arsenicales de
l'Auvergne, fut le motif qui me détermina à soumettre au
jugement de mes confrères exerçant dans les deux villes
d'eaux, mes théories d'abord, et ensuite les résultats pratiques qui les avaient sanctionnées. Je puis dire que mes
communications orales intéressèrent vivement ces Messieurs. J'avais tout naturellement répandu mes idées autour
de moi et convié mes confrères les plus voisins à les soumettre au jugement de leur expérience. Quelques cures remarquables portèrent bientôt aux limites du département
la connaissance des faits principaux sur lesquels était fon-
dée cette thérapeutique nouvelle. Certaines gens s'en firent
même une appropriation illégitime sans jamais citer le nom
d'auteur. Là n'était pas le mal ; mais la méthode risquait
de se corrompre, puisque je n'avais jusque-là délivré que
des ordonnances qui variaient comme les malades dont
j'avais entrepris la cure, et les grands traits généraux du
nouveau mode de traitement restaient à dégager et à être
mis pleinement en lumière. *Suum cuique.* Je crus devoir
m'en tenir à cet axiome de justice naturelle, et je me déci-
dai à saisir l'Académie de cette affaire. J'écrivis ce mémoire

et pris sur les quelques heures de repos que me laissait une grande clientèle rurale, le temps matériel de le rédiger sur de simples notes éparses. L'original partit sans qu'il m'eût été possible d'en garder copie. Il fallait arriver à temps pour concourir pour le prix Barbier 1877. J'espérais par ce moyen sauvegarder au moins la paternité de mon œuvre, puisque le mémoire devait être, d'après le règlement, classé et immatriculé sur les registres de l'Académie. C'était le seul but auquel je visai pour le moment, et bien m'en prit. Chose au moins singulière : pendant que le mémoire dormait dans les cartons de la rue des Saints-Pères, les théories qui y étaient signalées passaient de plus en plus dans le domaine de la pratique, et ma méthode, qui s'était propagée assez rapidement en Auvergne, recevait un commencement d'application près des stations méditerranéennes où vont hiverner les phthisiques. Mais là comme en Auvergne, il manque dans l'application du traitement la bonne·moitié au moins des règles à suivre, et cependant les résultats obtenus par cette demi-méthode restent supérieurs encore à ceux des vieilles pratiques.

Ayant, depuis le temps où ce mémoire fut écrit, renoncé à la médecine de campagne pour m'installer comme médecin aux eaux de la Bourboule, et par le fait de cette situation nouvelle, ayant conquis des loisirs pour l'étude et une liberté complète de mon temps en dehors de la saison thermale, je suis parti tout dernièrement pour Paris à la recherche de ce mémoire. Grâce à l'obligeance de M. Béclard, secrétaire perpétuel et de M. Bordet, chef des bureaux, il m'a été possible d'en prendre copie. Je le livre maintenant à la publicité, le recommandant à l'attention de tous mes confrères comme étant une œuvre de bonne foi inspirée par une longue et consciencieuse pratique et confirmée aussi par elle. Tout ce qui est écrit ici n'a été pris dans aucun livre. Je connaissais l'ouvrage de Pidoux, mais ni Benett, ni Fonssagrives et autres avec lesquels je n'ai fait connaissance que l'hiver dernier. La lecture de tous ces ouvrages recommandables, quand il s'agit de phthisie pulmonaire, n'a fait que m'affermir dans la foi que j'ai en ma méthode. Je ne retiens pour moi que le mérite très-modeste d'avoir, d'un grand nombre de faits antérieurement connus, déduit un traitement synthétique et rationnel, et je ne revendique d'autre avantage que celui d'en avoir donné le premier la formule, ce qui m'évitera la peine d'aller, comme autrefois le poète de Mantoue, écrire sur la porte d'une maison voisine les fameux vers connus :

Sic vos non vobis, etc.

Saint-Saturnin près Clermont-Ferrand, 1ᵉʳ mai 1880.

CONSIDÉRATIONS GÉNÉRALES

Que peut-on écrire de nouveau sur la phthisie pulmonaire ? Tout et rien. — Tout encore, si on arrive à indiquer
un traitement, aussi simple que facile qui guérisse le plus
grand nombre de malades et prolonge toujours la vie des
autres. — Rien, s'il ne s'agit que de quelques considérations sur des points de symptomatologie ou d'anatomie
pathologique.

Il est certain qu'aucune affection morbide n'est mieux
connue que celle-là dans son développement ; aucune n'a
été plus étudiée, ni mieux comprise sous toutes les formes
et avec tous les caractères qu'elle peut présenter dans l'évolution de ses symptômes. Le microscope l'a poursuivie bien
au-delà de l'organe central où l'on croyait jadis qu'elle
avait pris lieu d'élection ; et, si quelqu'un de nos ancêtres
revenait aujourd'hui de l'autre monde, il serait bien surpris
de voir dans le champ du microscope, le tubercule dissé-
miné de la vessie aux méninges. Nous avons, en conséquence de ces faits, changé un peu la vieille médecine,
parce que nos yeux voient mieux et beaucoup plus loin
qu'autrefois ; mais, il ne faudrait pas croire que les travaux
si remarquables de nos devanciers en fait de matière médicale et de thérapeutique soient perdus pour nous. Plus
d'une fois encore, à quiconque les lit et les médite, ils peuvent tracer la voie ; et, de leur empirisme plus ou moins
éclairé il reste plus peut-être qu'on ne le pense. Pour ma

part je connais bon nombre de vieilles formules qui ne demanderaient qu'à être rajeunies et mises à la mode pour rendre aujourd'hui d'aussi grands services qu'elles en rendaient autrefois. Et c'est là précisément ce qui nous est arrivé pour la phthisie. — On peut dire que, considérée dans sa forme la plus commune, la plus ordinaire, elle a été connue de tout temps. Quand il y eut une médecine, il se trouva un médecin pour en parler. Hippocrate connut le tubercule, et Arétée écrivait de son temps comme on pourrait le faire aujourd'hui : « Qu'un homme du peuple en voit un autre, pâle, d'une grande faiblesse, toussant et amaigri, il dira : Voilà un poitrinaire. » .

Depuis que l'humanité a écrit et conservé ses annales, des maladies cruelles se sont, dit-on, spontanément éteintes, et de nouvelles sont nées, aussi meurtrières que celles qui ont disparu. Eh bien, la phthisie a eu, et conserve encore sur toutes le triste privilége d'être vieille comme le monde, et menace de durer autant que lui. N'est-ce pas lamentable de voir dans le bulletin de mortalité des grandes villes, cette redoutable maladie réclamer pour sa part la moitié au moins du contingent des morts ? Et tout est frappé par elle, le long de l'échelle sociale, de la base au sommet. Riches et pauvres sont atteints : le riche a seulement l'avantage de pouvoir résister plus longtemps à ses coups. Ajoutons qu'elle se joue des climats des deux hémisphères ; et, en présence de pareils faits, qu'il nous soit permis d'appeler la phthisie le choléra permanent de notre époque, tant le nombre de ses victimes est effrayant et soutenu !

Et pourtant, nous le répétons, y a-t-il dans la science médicale un mal plus et mieux connu que celui-là ?

La clinique, l'autopsie, le microscope, ne se sont-ils pas prêté un mutuel concours, pour en constater la généralisation dans le plus grand nombre de nos organes ? Cela est bien et fait honneur sans doute aux progrès de l'esprit humain. — Au demeurant, il semble qu'un ennemi découvert jusque dans ses dernières retraites, soit plus facile à combattre et à detruire qu'un ennemi caché; et comme la phthisie ne tue pas en général en dix, vingt ou trente jours, qu'on a bien du temps pour y remédier. Si malgré tout, nous voyons la phthisie poursuivre impitoyablement ses ravages, faut-il nous regarder comme impuissants et condamnés à l'être toujours? A Dieu ne plaise que cette conclusion échappe à notre plume! On a accusé, il est vrai, notre époque d'être tombée dans l'excès de l'anatomie pathologique et d'avoir négligé complètement la thérapeutique. On fait de la science, on néglige l'art.

Si le reproche est un peu fondé, disons à l'honneur de beaucoup de médecins, qui sont tous les jours aux prises avec les difficultés de la pratique, qu'il est grand le nombre de ceux qui ont cherché et cherchent tous les jours des remèdes aux maladies réputées incurables; et, que leurs travaux recueillis par une presse bienveillante feront probablement moisson pour l'avenir. Sous l'influence même de l'anatomie pathologique on s'est engagé dans la bonne voie. On a raisonné, et les lois de la physiologie mieux connues ont été, par l'hygiène, appliquées à l'étude de la thérapeutique. Nos recherches et les résultats auxquels nous sommes arrivés ne sont qu'un long enchaînement de faits physiologiques et hygiéniques se corroborant entre eux. Nous nous sommes fait petit à petit une conviction, et nous annonçons ici de très-bonne foi que 95 fois pour cent la phthisie pulmonaire est préparée, puis provoquée et entretenue par une violation flagrante et prolongée des lois primordiales de l'hygiène....

Il reste donc entendu que l'on peut se contenter, comme approchant de la perfection, des connaissances que nous possédons sur la symptomatologie, et l'évolution anatomique de cette maladie. Où sont donc les desiderata? Dans l'étiologie et le traitement. Depuis le commencement de nos études professionnelles ces points nous ont préoccupé. De

Strasbourg à Paris, de Paris aux Etats Romains, des Etats
Romains au Grand Siège de notre capitale, puis de là au voisinage de Clermont-Ferrand, où nous sommes venu après
la guerre nous livrer à l'exercice de la médecine de campagne, partout, sur notre chemin trouvant des phthisiques,
nous en cherchions la cause. Médecin militaire, il nous était
arrivé combien de fois ! de voir entrer à l'hôpital avec des
signes certains de phthisie, des soldats que, un ou deux ans
auparavant à peine, les conseils de révision avaient admis
comme aptes et bons pour le service et qui l'étaient sans
doute à ce moment-là ? Et c'étaient souvent des cuirassiers,
des dragons, des artilleurs, des chasseurs à pied, tous
hommes d'élite, bien choisis dans le temps, qui payaient le
tribut à une phthisie certainement acquise. De pareils faits
provoquaient nos réflexions sans cesse. Depuis, j'ai volon-
tairement quitté la carrière militaire ; et, je puis dire qu'à la
campagne les occasions ne m'ont pas manqué de revenir au
sujet de mes méditations. J'ai eu à enregistrer bon nombre
de faits tout aussi singuliers de gens adultes, qui n'ayant
pu recevoir de leurs antécédents, qui vivaient encore,
aucun germe de phthisie, et présentant des apparences
d'une constitution saine et robuste, étaient devenus assez
rapidement phthisiques. Certains bouleversements intimes
dont quelquefois j'ai eu seul le secret et qui d'autrefois
n'étaient un mystère pour personne, pouvaient seuls expliquer le pourquoi du développement de la phthisie. Notre
conviction déjà faite, ne pouvait être que confirmée, en
présence de tant de faits si éloquents par eux-mêmes ; et
c'est avec la plus grande assurance d'être en accord avec
tous les médecins, qui auront beaucoup réfléchi et observé
sur le cas qui nous occupe, que nous écrivons cette proposition déjà émise plus haut : « La phthisie reconnaît pour
cause *toujours* une déchéance organique amenée le plus
souvent par une violation prolongée des lois primordiales
de l'hygiène. L'hérédité et les diathèses dégénérées ne

sont qu'une forme de cette déchéance organique et contribuent au même résultat. » Les causes, comme on le voit, sont multiples, et malheureusement se prêtent un mutuel concours. C'est de ces causes que nous allons parler, travaillant à être court. Le traitement général que nous proposons complètera cette étude. On pourra facilement constater qu'il découle tout simplement de la connaissance de ces causes et de l'application des lois qu'a formulées la physiologie et que l'hygiène enseigne à respecter.

De quel genre de phthisie il est question ici.

Il existe un livre imprimé à Genève en 1733 in-folio, écrit en latin; nom de l'auteur : Lazarus Riverius, Lazare Rivière, conseiller médecin et professeur royal et doyen des professeurs royaux de médecine à l'université de Montpellier. Ce livre, monument d'érudition pour le temps, renferme tout ce que la science d'alors pouvait connaître en médec'ne : toute la doctrine hippocratique, cinq livres d'institutions médicales, dix-sept livres de pratique médicale, et quatre centaines d'observations, *ac denique ipsissima Arcana Riverii plenè revelata*, les secrets les plus intimes de la pratique du docteur Rivière. Eh bien, je prends la liberté de vous traduire de ce livre, écrit du reste en fort bon latin, la description de la phthisie telle qu'on la connaissait dans ce temps, c'est-à-dire il y a un siècle et demi. — « La phthisie est la consomption du corps humain consécutive à l'ulcération du poumon. Cette consomption provient d'une fièvre putride et lente qui dégénère en fièvre hectique. L'ulcère du poumon ouvre la scène ; et, à cause du voisinage les vapeurs putrides vont au cœur et allument la chaleur fébrile. Cette chaleur fébrile se répand du cœur dans tout le corps, et bientôt toutes les parties sont affectées d'une température excessive et sèche. — Ces émana-

tions d'une chaleur immodérée produite par la fermentation
empêchent la *bonne coction* des aliments. *La nutrition se
faisant mal*, petit à petit le *corps consume* sa *propre subs-
tance*. A cause de la longueur et de la persistance de la
fièvre, celle-ci dégénère en fièvre hectique. Le caractère
putride s'y ajoute quelquefois et aussi des exacerbations
qui affectent un type franchement intermittent. Ajoutez-y
des sueurs nocturnes et des frissons répétés ne se réglant
sur aucun type. Plus le temps avance, plus l'expectoration
devient abondante et prend le caractère purulent. — La
toux devient plus fréquente et plus forte ; la nutrition est
presque nulle et cependant des troubles éclatent dans le
ventre et le dévoiement arrive. Le dépérissement du corps
est arrivé à ce point que la chair musculaire a été résorbée
et que les os font saillie, recouverts seulement par la peau.
— Alors les ongles se recourbent, la chair qui recouvrait le
bout des doigts étant résorbée. Les cheveux tombent faute
de nourriture, les pommettes deviennent livides, les pieds
s'œdématient. »

Hic (le phthisique) *cùm ad hoc pervenerit, perit.*

Quel tableau saisissant ! théories fébriles et vapeurs mises
à part. Et c'est bien là encore aujourd'hui la forme la plus
ordinaire de la maladie. Depuis Hippocrate jusqu'à nous,
la scène pathologique ne change point. Nous avons découvert la granulie, la phthisie caséeuse ; mais ces affections
qui peuvent tuer aussi rapidement que le feraient des affections typhoïdes ne doivent pas nous occuper. C'est à la
forme commune, au vieux tubercule d'abord cru, puis cuit
d'Hippocrate, au tubercule de Laënnec que nous avons
voulu nous attaquer ; à cette phthisie lente qui débute presque toujours dans les poumons et les ganglions bronchi-
ques avant de se généraliser ; en un mot à la forme vulgaire
de la maladie, et par conséquent à sa manifestation la plus
meurtrière.

Cette forme commune qu'on pourrait appeler la Phthisie des Pauvres Gens est celle-là surtout pour laquelle nous avons depuis longtemps cherché un mode de traitement qui pût être facilement applicable, c'est-à-dire, à la portée de tout le monde.

Des causes ordinaires de la phthisie commune.

Semez la cause, vous récoltez l'effet. Détruisez la cause, vous annulez l'effet. *Principiis obsta,* dit un autre avec sagesse. Cherchons donc les causes qui sont susceptibles d'engendrer la phthisie : les connaissant bien, nous pourrons les écarter de bonne heure par l'hygiène, et enrayer les effets déjà produits par une bonne et sage thérapeutique. Nous avons déclaré plus haut que la phthisie était la conséquence d'une déchéance organique amenée par la violation des lois primordiales de l'hygiène. Quelles sont ces lois ? Et comment on les viole ? Le bon sens et un peu de physiologie l'indiquent. Il faut que les grandes fonctions de l'économie animale soient en harmonie, et cette harmonie ne peut se conserver que par l'équilibre des échanges ; et, comme la vie n'est essentiellement qu'une métamorphose continue de la matière organisée vivante dans ses éléments intimes, et que rien ne vient de rien, il faut de toute nécessité un échange perpétuel, un va-et-vient du corps organisé vivant au monde extérieur. — D'où la nutrition, c'est-à-dire l'apport, l'élaboration et l'assimilation au corps vivant de substances venant du dehors ; et, rejet dans le monde extérieur des substances devenues inutiles ou incapables d'assimilation, rejet aussi des résidus des métamorphoses organiques, c'est-à-dire les *excrétions*. Que toutes ces grandes fonctions animales s'accomplissent avec régularité, la nutrition du corps est parfaite : la santé est le terme qui définit à lui seul cette proposition.

Qu'une seule de ces grandes fonctions soit entravée ou détruite, l'harmonie est rompue ; la nutrition du corps est imparfaite, la maladie commence.

Eh bien ! plus que toute autre la phthisie est une maladie engendrée par la rupture d'équilibre dans la nutrition générale du corps, donnant à ce terme de nutrition générale, le sens le plus général, le plus étendu qu'il comporte.

Aux faits maintenant. Dans plus de 400 cas de phthisie que j'ai bien observés, j'ai pu constater comme point de départ les causes générales suivantes :

Passage de la vie des champs au grand air, au séjour des villes et par conséquent passage de la vie civile à la vie militaire ; rétrécissement mécanique ou organique du champ respiratoire ; amygdales fortement hypertrophiées dans la jeunesse et non opérées (cause souvent diathésique) ; épanchements pleurétiques latents, mal soignés qui ayant attaché le poumon aux côtes, empêchent la dilatation du thorax et abaissent d'autant l'oxygénation du sang ; comme cause de même nature la cohabitation d'un trop grand nombre d'individus dans des locaux trop étroits et le renouvellement insuffisant de l'air respirable ; l'inspiration trop prolongée de poussières organiques ou inorganiques. Ajoutez à cela la privation de la lumière, c'est-à-dire l'habitation des lieux obscurs et humides. On sait combien est grande cette influence sur l'étiolement des végétaux ; elle ne l'est pas moins sur l'homme.

Viennent ensuite les intempéries, surtout le froid humide amenant des phlegmasies répétées de l'appareil trachéo-bronchique.

Signalons aussi les affections qui attaquent la nutrition dans ses organes spéciaux ; les dyspepsies longues et rebelles, les ulcères de l'estomac, les lientéries et diarrhées prolongées ; et dans le même ordre d'idées la misère physique et son cortége de privations ; d'où il suit que le corps usé par le travail ne trouve plus à donner à l'estomac la quantité ou la qualité d'aliments nécessaires pour entretenir l'équilibre des échanges organiques. Nous pouvons trouver dans l'exemple de quelques animaux domestiques une confirmation de ces faits. J'ai pu réussir à rendre des lapins tuberculeux non pas en les inoculant, mais en les tenant dans des conditions hygiéniques déplorables, confinés dans des cases obscures, jamais nettoyés, n'ayant pour toute nourriture qu'un peu d'herbe. Ceux qui ne mouraient pas de diarrhée avant trente jours de cet entraînement à la misère, avaient des tubercules déjà visibles à l'œil nu. Et, quand ces lapins, mous comme de la gélatine, œdématiés, anémiés à l'excès, étaient placés par moi dans des cases aérées, en plein soleil, nourris de son de blé, d'orge, d'avoine, de sainfoin, avec un peu d'eau légèrement salée pour se désaltérer, ils ne tardaient pas à revenir à un degré de bonne santé, doublé d'embonpoint, qui finissait par être cause de leur perte, mais d'une autre façon.

On sait que dans les montagnes de l'Auvergne, de grands troupeaux de vaches sont emmenés au pâturage dans les hauts plateaux, et qu'elles y séjournent six mois de l'année au moins, couchant en plein air. Vienne une année d'intempéries où les pluies froides et prolongées tombent sur ces animaux sans abri, vous verrez abattre aux boucheries voisines, toutes celles qui ont maigri, qui toussent. Les propriétaires s'en débarrassent au plus vite. Examinez leurs poumons : les sommets sont criblés de tubercules gros comme des noisettes.

Mais l'espèce la plus maltraitée sous ce rapport est le mouton. Dans quelques localités pauvres chaque maison en entretient un certain nombre de chétive apparence. Ces moutons amenés par bandes dans des terrains absolument arides, travaillant et fatiguant beaucoup pour trouver une nourriture maigre et insuffisante, finissent par devenir presque tous tuberculeux. Regardez aux boucheries du pays leurs poumons exposés aux crocs, — ils sont du sommet

2

jusqu'au milieu criblés de gros tubercules grisâtres. Trouverez-vous cela dans les gras et superbes moutons de la plaine ? Non, car en général ils reçoivent un supplément de ration en rentrant à l'étable ; et, comme chaque propriétaire n'en élève que deux, trois, quatre au plus et qu'ils sont d'un très-bon produit en laine et en chair, on leur réserve tous les jours une petite ration de sel et d'excellent fourrage pour manger au repos. Voici donc des faits bien positifs qui indiquent qu'une alimentation insuffisante jointe aux intempéries amène le développement du tubercule dans des espèces déjà élevées de la série animale — et, chez l'homme il en est de même.

La nutrition peut être frappée d'une autre manière : par le retentissement fâcheux qu'ont les idées tristes, l'hypochondrie en général, sur les organes digestifs. La mélancolie est surtout redoutable. Si je n'étais lié ici par le secret professionnel, deux cas bien récents arrivés dans ma clientèle vous convaincraient facilement. Qu'il me suffise de dire que les violents chagrins d'amour sont peut-être les plus redoutables, et ils sont souvent portés à un degré tel que si le public soulève les épaules de pitié et s'en moque, les malheureux *inamorati* sont fort à plaindre, car bientôt ils ne mangent plus ou mangent mal, et finissent par tomber dans un état de dépression qui ne tarde pas à retentir sur les voies respiratoires. On sait en effet aujourd'hui que chez tous les malades à délire triste, lorsque l'appétit tombe et que les forces commencent à se déprimer, la respiration est singulièrement diminuée en fréquence et en force. On peut dire qu'ils deviennent animaux à sang froid, la digestion ne fournissant plus de combustible et le malade n'agissant plus pour le brûler. Aussi la tuberculose est fréquente dans les maisons d'aliénés.

La nutrition est frappée aussi, lorsque sous l'influence de certaines maladies, les sécrétions du corps enlèvent à l'organisme plus d'éléments matériels que la nutrition ne lui en procure, et, en général, quand par excès de travail de toute nature l'*usure* organique l'emporte sur la *réparation*. Rangeons aussi dans cetce catégorie, les sécrétions physiologiques trop prolongées , telles que l'allaitement. Les bonnes vaches laitières trop surmenées finissent toujours par devenir tuberculeuses et tout le monde sait que fréquemment pour la femme la fin de l'allaitement est le signal de l'éclosion des tubercules.

Tous les *diabètes* en général conduisent à la phthisie, et nous voyons malheureusement coïncider presque toujours le départ des phosphates avec le développement du tubercule. On a dit aussi dans le même ordre d'idées : « *Ex immodicâ venere oriunda.* » Voici du reste une vieille observation tirée d'Hippocrate qui pourrait s'appliquer à un trop grand nombre de jeunes gens d'aujourd'hui : « *Satyrus in Thaso, cognomento Gripalopex, cùm esset annorum circiter vigenti quinque, semen per somnum effudit sœpè et interdiù quoque sœpè ipsi prodibat : cùm autem ad trigesimum pervenisset tabefiebat et mortuus est.* » C'est l'histoire nécrologique de tant d'adolescents au sortir des collèges !

On voit donc que les causes qui mènent à la phthisie rien qu'en attaquant directement la nutrition générale du corps sont illimitées.

Y en a-t-il d'autres ? Oui. Ce sont elles qui mènent indirectement au même résultat.

De l'hérédité.

M. Pidoux, dans son livre sur la phthisie pulmonaire, dit que d'après des relevés qui portent sur 4 ou 5,000 observations, il ne trouve pas la phthisie née de la phthisie plus de 20 fois sur 100. Sur 200 cas à peu près dont j'ai pu remonter assez facilement à l'origine je ne trouve pour mon compte l'hérédité franchement établie que 3 ou 4 fois sur

100. Pourquoi ces écarts? Parce que un enfant peut avoir été engendré par des parents qui ne sont devenus phthisiques qu'accidentellement après la génération ; parce qu'un phthisique en puissance peut engendrer un enfant qui sera sain si la mère est forte et robuste et *vice-versâ*, parce que l'*alimentation* par une nourrice mercenaire, habitant la campagne, à constitution franchement sanguine, corrigera et annulera par un lait gras et plastique la prédisposition fâcheuse que le nourrisson portait en venant au monde. Voilà des faits qui expliquent bien les écarts. Aussi si tous les enfants qui naissent dans les villes de parents phthisiques étaient le lendemain de leur naissance emmenés dans nos montagnes et mis au sein de nos villageoises robustes, soyez persuadés que l'hérédité de la phthisie passerait bien vite au rang des choses qui ont été vues pour ne plus reparaître, car la phthisie, heureusement pour le genre humain, n'est pas *spécifique* comme la *variole,* ni *virulente* comme la *morve,* ni *transmissible* d'emblée par la génération comme la *syphilis.*

De la dégénérescence ou dégénération de certaines diathèses comme cause productive de la tuberculose.

Si j'ai bien compris la pensée de M. Pidoux, il résulte que beaucoup de phthisies proviennent de la transformation rétrograde ou dégénération d'autres maladies diathésiques ou constitutionnelles, soit que cette dégénération s'opère déjà chez l'individu, soit qu'elle se manifeste par l'hérédité chez ses descendants : ce chapitre même est celui auquel l'auteur si compétent dans la matière semble le plus tenir. Ses vues sont neuves et bien tentantes. Quand on est convaincu on communique si facilement sa foi! Les faits observés sont vrais. La scrofule, l'arthritisme, l'herpétisme dégénérés sont d'excellents terrains préparés à

recevoir et faire lever rapidement le germe du tubercule ;
mais, dit M. Pidoux, tant que ces diathèses sont dans leur
période d'augment ou d'état, il y a exclusion du tubercule,
antagonisme même formel. Cependant ce principe consti-
tutionnel héréditaire ne persiste pas toujours identique à
lui-même, il s'affaiblit et se dégrade ; et le fonds organique
affecté de goutte, d'herpétisme, entraîne la dégénération de
l'affection qui lui est immanente, et sa faiblesse engendre
des altérations de plus en plus rétrogrades. » D'après l'auteur, si on trouve la phthisie déclarée sur un terrain qui gar-
dera encore des reliquats appréciables d'une constitution
diathésique, la phthisie sera beaucoup moins redoutable,
sa marche bien plus lente, et si la diathèse primitive repa-
raît la phthisie s'effacera devant elle.

Pour notre part nous ne doutons plus de cette catégorie
de causes internes pour ainsi dire, de la phthisie. Mais
nous interprétons autrement les faits. — Les diathèses ne
sont-elles pas des constitutions morbides qui provoquant
des maladies fréquentes de même nature sur différents
points de l'économie, finissent par la ruiner, l'appauvrir au
point qu'elle n'a plus même la force de mettre à jour ses manifestations ordinaires ? C'est le moment où la tuberculose
éclate. Pourquoi ? Parce que *la nutrition générale du corps
est profondément atteinte*, gravement compromise ; *la déchéance organique s'est faite* cette fois non plus par la violation
prolongée des simples lois de l'hygiène, par la misère physique en un mot, mais par les coups répétés, les pertes suc-
cessives qu'une première maladie a fait subir à l'organisme.
Que si par les Eaux-Bonnes et d'autres moyens vous par-
venez à faire revivre des accidents de la diathèse qui autrefois, croyez-vous, excluait la phthisie, et que la phthisie
semble aussitôt céder le pas et reculer devant la diathèse,
ne serait-ce pas que la médication employée aurait donné
un coup de fouet à l'organisme tout entier, et que la *nutrition générale aurait repris de la vigueur ?* Dans notre pen-

sée cela doit être, car, aux Eaux-Bonnes, vous voyez surtout les phthisies engendrées de diathèses dégénérées ; les
riches surtout sont diathésiques, et quoique je reconnaisse
un grand fonds de vérité dans la théorie de l'antagonisme,
il faut bien admettre que tout n'est pas là cependant et que
les conditions matérielles de la vie offrent au médecin et
au malade les meilleures armes pour lutter longtemps, sinon vaincre cette redoutable maladie.

On a parlé beaucoup des voyages en mer, des voyages
au long cours sur des bâtiments à voiles comme moyen cu-
ratif de la phthisie. On a voulu expliquer ces cures qui souvent ont paru merveilleuses, en faisant la part de chacun
des éléments au milieu desquels on vit en mer. L'ipéca et
le tartre stibié ont-ils été employés avec avantage dans la
phthisie ? Le mal de mer les remplace. M. A. Latour pré-
tend avoir obtenu des guérisons radicales par l'emploi du
sel marin ? Mais ne vit-on pas ici, dans une atmosphère char-
gée de sel ? ne reçoit-on pas à tout moment de l'eau de mer
pulvérisée qui est aspirée par les passagers en même temps
que les émanations de goudron ? Le rédacteur de la *Revue
médicale* de Toulouse, qui nous parle de ce traitement ajoute :
« L'iode, l'iodure de potassium, l'iodure de fer n'ont-ils
pas fait merveille dans la cure de la phthisie ? Eh bien, il y
en a de tout cela dans l'eau de mer pulvérisée. » C'est vrai,
mais combien de médecins ont renoncé à l'emploi des vapeurs de goudron dans les chambres de phthisiques ? Combien proscrivent aujourd'hui d'une façon absolue l'iode et
les iodures qui ne peuvent pas plus fondre le tubercule qu'ils
ne sont capables de relever une nutrition qui va s'allan-
guissant de jour en jour. Le fait constant est celui-ci :
C'est qu'une fois le mal de mer surmonté, l'appétit est sti-
mulé par l'atmosphère marine d'une façon remarquable. Or
si un phthisique qui ne mangeait plus ou plutôt ne digérait
plus à terre, reçoit sur mer cette heureuse influence :
la nutrition se faisant mieux, il s'incorpore des matériaux

organiques qui lui fournissent une somme de résistance et de moyens réparateurs, et ces faits eux-mêmes s'encadrent dans notre théorie qu'on ne peut guérir la phthisie qu'en relevant la nutrition générale.

Par quels organes se fait surtout l'appauvrissement de la nutrition qui mène à la tuberculose.

On a cru voir un antagonisme entre la chlorose et la phthisie pulmonaire. Dans la chlorose et certaines formes d'anémies, dans beaucoup d'états cachectiques, le sang est sans doute très-appauvri, la nutrition languit, et pourtant beaucoup ou le plus grand nombre de ces malades ne donnent jusqu'à la fin de leur existence aucun signe de phthisie. C'est que la nutrition générale ne vient pas du sang et ne se fait pas par le sang. Notre savant et si vivement regretté professeur Küss nous disait dans son langage si pittoresque : le globule sanguin n'a été fait et créé que pour l'entretien et le fonctionnement du globule nerveux. (Il avait adopté le mot globule pour le mot cellule.) Supprimez le globule nerveux, l'autre n'est plus nécessaire. Le globule sanguin est l'excitant de l'autre. Si le contact cesse, les fonctions nerveuses sont immédiatement abolies. Donc, le globule du sang n'est pas aussi intéressé qu'on pourrait le croire dans la nutrition générale du corps. Son appauvrissement entraînera surtout des troubles fonctionnels du système nerveux et point du tout la phthisie. Mais, qu'un chlorotique se mette à éliminer par ses urines une grande quantité de phosphates, il aura beaucoup de chances de devenir phthisique. — D'où viennent les phosphates, et quelle est l'autre série d'organes qui a le plus d'importance dans la nutrition générale du corps? C'est l'appareil lymphatique qui dans la série animale inférieure suffit seul à la nutrition de l'organisme. Si cet écrit n'était un mémoire qui doit être court, et si le temps ne nous manquait, je serais heureux d'exposer sur ce chapitre les leçons de notre savant maître en physiologie, le professeur Küss, si peu connu en France avant sa mort si douloureuse et si prématurée, et dont le patriotisme seul égalait la science. Je crois qu'un ancien camarade, Mathias Duval, aujourd'hui professeur à la Faculté de Paris, a publié quelques-unes de ses leçons; et ce chapitre du système lymphatique et celui plus remarquable encore du tissu connectif et de la cellule ou globule plasmatique doivent y être savamment traités. Quoiqu'il y ait encore des divergences entre les micrographes sur quelques points assez délicats de construction et de fonction, il reste acquis que ce système lymphatique est le véritable organe de la nutrition générale et immédiate par les ganglions et les vaisseaux (chylifères compris) et les globules plasmatiques que Küss appelait embryonnaires pour rappeler leur origine et qui sont comme le tissu conjonctif lui-même disséminés partout. Il est admis par tout le monde aujourd'hui que ce système lymphatique général est le siége de l'absorption dans l'intimité des tissus, des produits du double mouvement de composition et de décomposition qui résument la nutrition générale; qu'ils absorbent à la surface des muqueuses les liquides qui les baignent, sécrétions naturelles ou substances élaborées par la digestion, qu'ils charrient dès leur origine les leucocytes probablement échappés des capillaires sanguins avec le sérum qui en découle, et qu'ils recueillent immédiatement; que ces corpuscules lymphatiques leucocytes ou globules, augmentent en nombre après leur passage dans les ganglions. Que ces leucocytes naissent spontanément dans la lymphe comme le voudraient d'autres micrographes, il reste acquis que tous ces matériaux sont versés dans le torrent de la circulation par le système lymphatique.

Quant à la lymphe qui contient, sur 1000 parties, 920 à 965 d'eau :

Carbonate de chaux, de 0,50 à 2 pour la lymphe;

Phosphates calcaires-alcalins, 0,80 à 3 pour le chyle;

Chlorure de sodium, 4 à 6 pour la lymphe, 5 à 7 pour le chyle, nous voyons combien elle est riche en sels, et quels troubles doit amener dans la nutrition générale du corps *le départ de ces phosphates et de ces chlorures par voie d'excrétions et de sécrétions.* Quoi qu'il en soit, sans que nous puissions jamais découvrir le pourquoi des choses, nous dirons que c'est par l'appareil lymphatique dont on connaît encore si peu les maladies intimes que se font les grands troubles de la nutrition générale qui mènent à la phthisie ; et avec Bordeu, Bichat, Virchow, Pidoux, Küss, que c'est dans le tissu conjonctif ou plasmatique que se développe le tubercule. Si le tubercule se développe le plus souvent dans le poumon, c'est que cet organe est peut-être le plus riche en vaisseaux lymphatiques qui soit dans l'économie. Ajoutez à cela le travail énorme qui s'y produit.—En supposant que chaque contraction ventriculaire n'envoie dans le poumon que 30 centilitres de sang, à 72 par minute, il aura passé plus de 30 hectolitres de sang dans les 24 heures. Et c'est là que doivent s'opérer les échanges les plus rapides et les plus considérables, comme le dit M. Pidoux ; puisque, avec leur nutrition et leur hématose propres, ils pourvoient à l'hématose générale. Leurs lymphatiques doivent donc y être soumis à une activité constante, à une irritabilité, et par conséquent à une altérabilité proportionnées. Et voilà pourquoi la *tuberculose consécutive à la déchéance nutritive* frappera là plus souvent que partout ailleurs. La déduction est logique.

Encore un point de doctrine qui sera le dernier.

Depuis Laënnec jusqu'à nos jours, il semblait que la question de la phthisie était jugée. C'était une maladie incurable ; on en était là, on en demeurait là. Tout à coup un de mes anciens maîtres à l'École militaire, le docteur

Villemain, esprit très-fin et dessinateur micrographe très-ingénieux, frappe un coup d'éclat.

Il annonce au monde médical que la phthisie est contagieuse, inoculable, qu'elle est virulente comme la morve; quelle preuve en donne-t-il ? Voici : Des lapins sous la peau desquels il avait introduit de la matière tuberculeuse, sont devenus tuberculeux. Ce fut un grand bruit qui réveilla l'attention publique sur cette terrible maladie. Quelque temps après la Faculté de Médecine de Paris semblait sanctionner cette découverte en décernant à son auteur un prix de dix mille francs pour son livre sur le tubercule. Cette doctrine n'était pas consolante. A maladie spécifique il faut chercher un remède spécifique, à moins que la maladie ne se juge seule. Ce n'était point le cas de la phthisie; et plus que jamais nous allions être désarmés, si à une maladie produite par tant de causes différentes, la contagion allait se joindre comme élément propagateur ! Il fallait bien s'attendre à voir éclater, après cette découverte, des épidémies de tuberculose, puisque jusqu'à ce jour on professait en médecine que toutes les maladies contagieuses peuvent revêtir le caractère de l'épidémicité. Heureusement il n'en a rien été. Nous n'avons découvert depuis la proclamation de la nouvelle doctrine, aucune trace de ces épidémies, même à l'état naissant. La phthisie est restée ce qu'elle était, une maladie essentiellement commune et banale comme les causes qui si souvent la produisent. Nous avons beaucoup cherché, dans tous les cas que nous avons observés, des traces de cette contagion possible et ne les avons jamais rencontrées. Si cette doctrine était en honneur chez les anciens, qui généralement observaient bien, c'est qu'ils tiraient de faits bien observés des déductions qui n'étaient pas toujours logiques. *Hic enim morbus est contagiosus valdè, ità ut videamus ut plurimùm uxores maritis phthisicis assiduò inservientes eodem affectu corripi et vice versâ. Sic etiam liberi ejusdem familiæ ex eodem affectu sigillatim intereunt, non solum propter* frequentationem *illius qui primus hoc affectu laboravit......* Lazare Rivière, *les Phthisies.* — On affirme d'abord la contagion, et les preuves qu'on en donne n'en sont point. Quoi d'étonnant qu'une épouse, à la suite de longues veilles, de grandes fatigues, de soins excessifs, de violents chagrins, vivant toujours près d'un malade qu'elle sait qu'elle va perdre, se nourrissant mal, comme on fait toujours dans les affections tristes, vienne à succomber quelques mois, quelques années après son mari, à cette phthisie qui a emporté le premier. Mettez l'épouse au lieu de l'époux, et si les conditions hygiéniques et morales sont les mêmes, il arrivera même accident dû aux mêmes causes, sans qu'il soit besoin de faire intervenir la contagion. Et pour les enfants élevés dans de mauvaises conditions hygiéniques ou portant des germes, en venant au monde, d'une hérédité non douteuse, quoi d'étonnant qu'ils soient frappés les uns après les autres, selon la résistance qu'ils auront offerte aux causes déprimantes ? Et si vous ne trouvez aucune trace d'hérédité, ce qui est le cas le plus fréquent, ne voyez-vous pas que la phthisie s'est formée de toutes pièces, qu'elle est acquise et non transmise par contagion, qu'elle s'est développée sur un terrain favorable, préparé depuis longtemps par un concours de circonstances nées de conditions aussi antihygiéniques que possible, et causes reconnues de l'éclosion d'une phthisie accidentelle ? Si vous croyez à l'inoculation, vous devez croire à la spécificité et à la contagion. C'est logique. Dans ce cas je vous demanderai quelle est la durée approximative de l'incubation ? On a pu l'établir pour toutes les autres maladies contagieuses. Vous ne l'avez pas fait pour la phthisie. Pourquoi ferait-elle exception ? Et pourtant ce seul fait bien observé donnait à la théorie de la contagion de la phthisie le relief d'une vive lumière, et consacrerait sa justesse et sa vérité. Je conclus donc, jusqu'à preuve du contraire, qu'il n'y a pas de contagion proprement dite pour la phthisie, et déclare qu'il n'est pas de conclusion possible à tirer dans ce sens, des inoculations du lapin, pas plus que des grenouilles, pour l'espèce humaine.

Nota. Depuis 1877, de nombreuses expériences dont les résultats ont été communiqués à l'Académie, ont relevé l'erreur dans laquelle était tombé M. Villemain, qui avait pris pour des tubercules les foyers d'embolies provoquées dans les poumons par l'absorption des matières déposées sous la peau des lapins. (Expériences de Metzger de Feltz.)

Non licet omnibus adire Corinthum:

On ne doute plus aujourd'hui de la possibilité de guérir des phthisiques. Bien des malades pourraient eux-mêmes être appelés en témoignage. Pour ma part, je puis en fournir plusieurs que je présenterai à la barre de l'Académie, s'il lui plaît. On est arrivé à ce résultat, non pas en employant une médication unique, mais une thérapeutique rationnelle qui, tout en s'adressant aux symptômes, a permis dans tous les cas de *relever l'état général des malades, ce qui est le point capital*, d'après tout ce que nous avons écrit plus haut. Chercher à la phthisie un remède dans le sens pharmacologique du mot, dit M. Pidoux, est une puérilité. L'unique spécifique de la phthisie, dit M. Pietra Santa dans un mémoire, c'est l'association intelligente et raisonnée de cet ensemble de médications, dont l'expérience et l'observation clinique ont reconnu l'efficacité, et qui se résument dans ces préceptes :

1º Appeler à son aide pendant toutes les périodes de la maladie, les ressources incontestées de l'hygiène privée (traitement hygiénique et moral, air pur renouvelé, régime alimentaire tonique, exercice modéré, *diète lactée*, « dont M. Pidoux n'a point parlé, à mon grand regret, dans son livre si remarquable) ;

2° Utiliser les modifications apportées dans l'organisme par les eaux minérales (sulfurées, arsenicales, chlorurées);

3° Invoquer les effets salutaires des changements de lieux et de l'émigration (séjour dans les climats tempérés pendant l'hiver, dans les pays de montagnes pendant l'été);

4° Neutraliser les ferments morbides qu'engendre dans l'organisme l'absorption purulente, alors que s'établit la fonte tuberculeuse. Cette médication capitale s'obtient par l'administration des hyposulfites et sulfites alcalins et terreux, et quelques autres remèdes antipyrétiques et antiseptiques;

5° Employer les agents de la thérapeutique générale à *effets précis*, lorsqu'il s'agira de combattre les complications inséparables de chacune des périodes de la maladie.

Tout ceci est écrit de main de maître. En suivant à la lettre tous ces bons préceptes, on guérira une grande partie des phthisiques *riches*. Mais le grand nombre de ceux qui ne peuvent aller ni aux Eaux-Bonnes, ni au Mont-Dore, ni à la Bourboule, qui sont attachés au sol où la maladie est née, qui ne peuvent l'hiver gagner les pays chauds, l'été les pays de montagne, que feront-ils ? C'est à ceux-là que j'ai songé, c'est pour eux que j'écris ce mémoire, et c'est aux pauvres phthisiques qui sont des phthisiques pauvres, que je le dédie. *Illis non licet adire ad aquas.*

Disce meum methodum et habebis mea secreta.

On dit qu'il y a des idées vieilles comme le monde.—On peut les considérer comme le *consensus generis humani* dans sa plus belle et plus éloquente manifestation. Ces idées communes aux hommes de tous les temps, doivent donc avoir un grand fonds de vérité. J'ai donc fait autrefois de bien nombreuses recherches pour chercher un remède à la phthisie; puisque j'ai annoncé au commencement de ce travail, que depuis le commencement de mes études professionnelles, il y a quinze ans de cela, je m'étais attaché d'une façon spéciale à l'étude de cette maladie. — Eh bien ! depuis Hippocrate on a trouvé un médicament qui se trouve être en même temps l'aliment par excellence, l'aliment parfait, je veux dire *le lait*. Le père de la médecine en ayant parlé, il va sans dire qu'à travers tous les siècles les médecins ont essayé du remède ; et au xviiie siècle, Lazare Rivière résumant tous les travaux anciens et les connaissances de son temps, écrivait ceci : « *Lac, omnes intentiones ad phthisicorum curationem propositas adimplet ; abstergit serosâ suâ parte, conglutinat caseosâ, corpus nutrit et reficit butyrosâ.* » Il y a du vrai dans ces propositions. La caséine du lait est un principe albuminoïde, par conséquent azoté. Extraite du lait des différents animaux, elle paraît avoir la même composition. On peut la considérer comme une combinaison de phosphore et de soufre (deux points pour nous fort importants), avec de la protéine, c'est-à-dire qu'elle renferme de plus oxygène, hydrogène, carbone et *azote*. Dans ces derniers temps on est parvenu à extraire du lait la *caséine insoluble*, de l'albumine véritable, et la *lacto-protéine* découverte par Milton et Commaille, pharmaciens militaires, mes anciens collègues à l'armée. Voici les résultats de nombreuses analyses qui ont été faites sur la quantité de *caséine* contenue dans le lait de différents animaux. En tête figure la truie, 16 o/o ; vient ensuite la chienne, 11, 7 o/o ; la brebis, 6,1 o/o ; la chèvre et la vache, à peu près égales, 3,7, 3,6 o/o ; la jument, 2,7 ; la femme, 1, 9 o/o ; enfin, l'ânesse, 1, 7. C'est donc le lait d'ânesse qui, par sa teneur en *caséine*, se rapproche *le plus du lait de femme*. On peut dire en tout cas que l'élément azoté, élément plastique, formateur, n'y manque point.

1° *Le beurre* est un aliment hydro-carboné par excellence, composé de glycérine unie aux acides stéarique, margarique, oléique, butyrique, caprique, caprilique, capraïque. Le lait de chienne en contient le plus, 9,72 o/o ; puis la brebis, 5,30 ; la femme, 4,50 ; la chèvre, 4,20 ; la vache, 4,05 ; la truie, 3,95 ; la jument, 2,50 ; l'ânesse, 1,55. *La vache ici tient le milieu entre les extrêmes.*

2° *La lactine*, lactose, sucre de lait, susceptible de fermentation alcoolique, qui a la même formule que le sucre de canne, plus les éléments d'une molécule d'eau, grâce auquel on obtient le koumiss ou koumy qu'on a opposé dans ces derniers temps à la phthisie, surtout au symptôme amaigrissement. Les laits d'ânesse, de jument, de vache, de femme, le contiennent à peu près dans les mêmes proportions de 5,8 à 5 o/o. La truie, la plus riche en caséine, n'en contient que 1,5 pour o/o.

4° *Les sels*. Tous les sels qui sont nécessaires au développement de l'économie s'y trouvent. De toutes les analyses que nous avons sous les yeux nous n'en retiendrons que deux qui vont nous servir pour le besoin de notre cause :

Pour 1000 parties de lait de femme, à peu près un litre :

Soude	0.30
Chlorure de potassium	0.70
Phosphate de chaux	2.50
— de soude	0.40
— de magnésie	0.50
— de fer	0.01

Et pour 1000 parties de lait de vache :

Soude	0.12
Chlorure de potassium	1.35
Phosphate de chaux	1.80
— de soude	0.22
— de magnésie	0.17
— de fer	0.03

Ainsi donc, le phosphate de chaux, principe pour nous de la plus haute importance (on le verra d'après ce qui va suivre) est plus abondant dans le lait de femme que dans celui de vache, qui renferme beaucoup plus de *chlorures* que le premier. Ainsi donc, le lait est absolument un aliment complet. Le lait de vache tient l'intermédiaire entre tous, et c'est celui qui est le plus communément employé. Ajoutez à cela que c'est sous cette forme d'aliment que la nature prévoyante a fourni à l'être qui vient de naître le moyen de se nourrir et de faire croître ses organes sans distinction ; vous ne serez pas étonné que ces simples observations, faute d'analyses chimiques, aient amené tous les anciens, depuis Hippocrate, à lutter, par *l'emploi presque exclusif du lait*, contre ces déchéances organiques rapides qu'entraînent les cachexies en général et *la phthisie en particulier*. Le lait, de plus, est un aliment sain, réparateur et de facile digestion. Allez voir les pâtres de nos montagnes : ils ne se nourrissent que de lait et de pain de seigle, noir et aussi amer que la suie de cheminée. Il est vrai qu'ils travaillent peu, fatiguent peu leurs muscles, et qu'ils ont pour adjuvant beaucoup d'air, beaucoup de lumière ; enfin, leur teint vermeil est vraiment l'enseigne d'une santé robuste. Mais le lait serait sans doute insuffisant, pour l'homme qui travaille beaucoup comme pour *l'organisme débilité qui a besoin d'une énergique et prompte réparation*. Nous garderons le lait, qui, *à sa sortie de la mamelle de l'animal*, restera toujours l'aliment le plus facile à digérer et le plus facilement assimilable ; mais nous tâcherons de fournir *à ces organismes en détresse* un lait *plus nourri*, passez-moi cette expression, que celui que donne l'animal en sa vie ordinaire. Le problème est celui-ci : « Il faut que, sous le moindre volume, le lait renferme le maximum de matières nutritives et condiments organiques et inorganiques. »

Nos anciens, qui n'avaient point, comme nous, pour les éclairer, l'analyse chimique, mais qui quelquefois observaient si bien qu'ils nous étonnent encore d'avoir souvent pressenti ce que plus tard notre expérience a confirmé, comprenaient eux-mêmes qu'il fallait renforcer le lait par la nourriture de l'animal. Lisez plutôt : « *Asina et vacca nutriantur foliis plantaginis rubi, vitis polygoni, gramine, hordeo et secali.* » Ils devaient ainsi mettre les phosphates à contribution par l'emploi des graminées et les autres sels de potasse et de soude des plantes ci-dessus signalées, et qui effectivement en sont très-riches. Ce serait à croire qu'il n'y a rien de nouveau au monde. *L'instinct a fait pressentir ce que l'expérience devait plus tard démontrer.*

Nous avons dit plus haut que la lymphe et le chyle contenaient une assez forte quantité de chlorures alcalins et de phosphates alcalins et terreux. Nous trouvons ce fait assez curieux découvert depuis quelque temps et mis surtout en lumière par les travaux de M. Teissier, de Lyon : c'est qu'une excrétion exagérée des éléments phosphorés du corps indique un haut degré d'affaiblissement de l'organisme ; que la phthisie, à son début, est remarquable par l'augmentation des phosphates dans les urines ; cette élimination est quelquefois si considérable que M. Teissier s'est cru autorisé à l'appeler diabète phosphatique. D'autre part, *les crachats des phthisiques* sont encore une voie d'élimination de *chlorure de sodium*, de *soude* et de *phosphates*, et quelquefois ceci poussé à un tel point que ces crachats peuvent éliminer dans les vingt-quatre heures autant de phosphates de chlorures que les urines, ce qui devient une source nouvelle de dénutrition ; d'où l'indication de diminuer toujours l'expectoration chez les malades et d'assurer d'autre part *l'assimilation des phosphates et des chlorures,* suppléant ainsi aux pertes journalières par des apports identiques.

Sera-ce aux préparations phosphatées que nous ferons appel ? Quoiqu'on ait fait de grands progrès dans leur élaboration, elles sont trop souvent mal supportées par l'estomac déjà malade du phthisique. Vous avez la plus grande

peine à relever les fonctions de ce viscère par la noix vomi-
que, le café, l'arsenic, etc. ; il rejettera ou se fatiguera de
votre phosphate, et le malade n'en voudra plus. *Cet estomac si délicat a besoin d'être traité comme celui d'un enfant.*
Donnez-lui l'aliment parfait, l'aliment complet par excellence, le lait, qui renferme tous les éléments nécessaires
à l'entretien et à l'accroissement de toutes les parties de
notre corps, depuis le sang jusqu'au dernier cheveu. Sa
digestion, son assimilation sont faciles ; l'anorexie ne sera
plus un obstacle à son introduction dans l'estomac, puisqu'il ne nécessite ni mastication, ni insalivation préalable ;
et si vous êtes obligés de faire entrer les phosphates par
cette voie, donnez le *lait phosphaté*, et aidez-vous *de tous
autres moyens que vous jugerez convenables.*

Qu'est-ce que le lait phosphaté ? — Comment on l'obtient.

Il est un fait d'observation : c'est qu'on peut faire varier
la nature et la saveur du lait par le mode de nutrition de
l'animal qui le fournit. On peut augmenter sa richesse minérale en faisant absorber aux femelles laitières de grandes
quantités de sel marin, régime chloruro-laité que M. Amédée Latour a mis autrefois en honneur. Ne pouvait-on pas
faire subir un entraînement spécial à l'animal galactofère
qui fît apparaître dans son lait de grandes quantités de sels
phosphatés et de chlorures de toutes sortes ? On aurait ainsi
un lait d'une puissance *nutritive maxima*, capable, s'il était
bien assimilé, de reconstituer promptement un organisme
affaibli par de grandes pertes, et d'arrêter ainsi le travail
destructeur, au premier chef, de la tuberculose. Partant aussi
de cette idée que les chiens sont de tous les animaux domestiques ceux qui ne deviennent jamais ou presque jamais
phthisiques, à cause de leur alimentation en général *exces-
sivement phosphatée*; éclairé aussi par les travaux récents

qui relevaient l'importance physiologique des phosphates dans la nutrition générale, et, convaincu par toutes les considérations que nous avons fait valoir dans le courant de ce mémoire, nous nous sommes appliqué à obtenir des *phosphates* préparés par un *organisme vivant*, comptant bien plus sur la nature que sur la cornue du chimiste. J'ai été singulièrement aidé dans ce travail par M. A....., vétérinaire à M..... (Puy-de-Dôme). Il s'agissait d'un malade bien cher pour lui. Le diagnostic fatal avait été prononcé à la suite d'une consultation de médecins éclairés, tous trois professeurs à l'Ecole de médecine de Clermont-Ferrand. Il m'écrivit, désespéré. Nous nous mîmes à l'œuvre, et le succès a couronné nos efforts. Je ne puis résister au plaisir de citer de lui quelques lignes qui feront d'abord connaître une première observation, le moyen d'obtenir le lait phosphaté, et la façon dont on a conduit la cure. Disons tout d'abord que nous empruntons au *monde organique* les phosphates qui sont destinés à la nutrition, à l'entraînement de l'animal : c'est tout simplement *la poudre d'os de bœuf et de vache* bien calcinée et réduite en poudre fine, et le phosphate qui se trouve dans le grain de blé (organisme vivant).

« J'avais essayé de te faire un long rapport, m'écrit M. A....., vétérinaire très-distingué de notre département, j'y ai renoncé ; il fallait revenir sur des choses qui m'étaient trop pénibles, même après trois ans. Je te donnerai seulement comme un simple journal des faits qui se sont passés pendant deux ans qu'a duré la cure, te laissant le soin de parler de l'état de mon cher malade, ce qu'il était quand tu le vis pour la première fois, ce qu'il est aujourd'hui à la suite du traitement que tu me fis instituer.

» Le 24 juin 1873, une vache bretonne, âgée de 5 ans, est soumise au régime suivant : Foin de prairie artificielle, luzerne ou sainfoin, 10 kilogrammes par jour ; pommes de terre cuites, 5 kilos ; farine d'orge, 5 litres ; sel marin,

30 grammes ; poudre d'os calcinés, 10 grammes ; c'est notre premier essai. Le 15 juillet, le lait est analysé. J'ai demandé au chimiste très-habile que j'en avais chargé d'indiquer surtout la quantité et la nature des phosphates. Voici sa réponse :

Phosphate de chaux............... 0.70
—   de potasse............. 0.35
—   de magnésie......... . 0.05
—   de fer............... traces.
Total............. 1.10

» Nous avons à peine, à la première analyse, la quantité de phosphates contenus dans le lait normal des vaches bonnes laitières, bien nourries ; mais, en revanche, le chimiste signale des quantités très-grandes de *sucre de lait* et de *chlorure de sodium* (lait chloruré d'Amédée Latour). Je portai immédiatement au double la dose de poudre d'os calcinés, c'est-à-dire 20 grammes.

» Tu m'avais dit, au commencement de la cure : *Si le malade peut augmenter du poids de un kilogramme dans un mois, la partie est gagnée* (1).

» Le 8 juin, M..... pèse 53 kilogr. 500, juste 10 kilogrammes en moins qu'à 16 ans. (Ce jeune homme a aujourd'hui 21 ans. Il est devenu phthisique au Puy, dans le courant de son volontariat d'un an.) Le 28 juin, M.... pèse 57,500 ; il a gagné 4 kilos en vingt jours. Cependant il est toujours très-fatigué par le moindre effort ; il monte avec peine dans sa chambre, et se repose deux et trois fois pour monter dix-huit marches, tellement il est essoufflé. La peau est toujours très-lisse, très-pâle, décolorée ; la toux fatigante, sans beaucoup d'expectoration. Tu vins le voir vers cette époque, 1er août. Le 2 août, nouvelle analyse du lait : cette fois, le phosphate de chaux est en plus grande quantité, 2 grammes par litre ; ceux de potasse et de magnésie

______

(1) Tout phthisique qui engraisse est en voie de guérison, vu que l'amaigrissement rapide est toujours le plus fâcheux symptôme.

se sont maintenus à peu près au même chiffre ; mais on peut doser le phosphate de fer, qui est de 0,02 centigr. par litre. Le *sucre de lait* et le *chlorure de sodium* sont toujours en grande quantité. (A ce moment, on obtint la réforme définitive du service militaire pour phthisie confirmée.)

» La dose de poudre d'os calcinée est portée à 30 grammes par jour, divisée en trois prises, toujours administrée dans la boisson.

» Le 10 août, l'hémoptysie que tu avais annoncée à mon beau-frère le jour de ton départ se produit le matin ; elle est assez considérable pour maculer deux mouchoirs complètement. Quoiqu'avertis, cet accident nous jette dans la désolation, bien à tort, car le lendemain, le malade est moins oppressé et marche un peu mieux. Le 15, nouvelle hémoptysie aussi considérable que la première. Le 16, amélioration notable dans l'état du malade : il monte l'escalier en ne se reposant qu'une fois, *il éternue,* ce qui ne lui était plus arrivé de fort longtemps. Quelques boutons d'*acné* apparaissent sur la peau du visage, du cou et du dos. (Etait-ce donc une phthisie issue d'une diathèse dégénérée et confirmant la théorie de M. Pidoux ?) A partir de ce moment, plus de sueurs nocturnes, un peu le matin. Du 28 juin au 28 juillet, le poids n'avait gagné qu'un kilogramme. Du 28 juillet au 18 août, encore un kilogramme de gagné. Il boit toujours quatre grandes tasses de son lait phosphaté, qui font à peu près un grand litre et demi. L'appétit s'améliore, il est en tout cas plus régulier.

» Le 10 septembre, le lait est analysé de nouveau ; il contient cette fois :

Phosphate de chaux............ 4ᵍ »

— de magnésie-potasse.. 0.50

— de fer............. 0.03

» Le 15 septembre, la vache est remise à son propriétaire : je la crois pleine de quatre mois. Elle est sortie de mon écurie dans un état d'embonpoint extraordinaire.

» Le 16 septembre, j'achète une vache de petite taille, donnant 4 litres de lait, âgée de 6 à 7 ans. Elle est soumise d'emblée au même régime que la précédente : elle prend, dès le début, 30 grammes de poudre d'os calcinés par jour. Le 4 octobre, dix-huit jours après, son lait est analysé. Du coup, il donne 4 gr. 50 par litre de phosphate de chaux, 1,50 de phosphate de magnésie et de potasse, et 0,04 de phosphate de fer.

» A cette époque, je repèse M.... ; il a dépassé le poids de 60 kilogrammes ; la face, les bras, la poitrine sont couverts de boutons ; il monte l'escalier de sa chambre beaucoup mieux, ne se reposant plus toutes les fois.

» Septembre. — Les nuits commencent à être fraîches ; on fait du feu dans la chambre du malade (qui est *spacieuse et bien aérée*, sans rideaux au lit), de manière à y maintenir une température constante de 14° à 16°. L'appétit s'améliore, lentement c'est vrai, mais s'améliore. Je me demande quelquefois si un litre et demi de lait aussi riche que celui que donne ma vache n'empêche pas mon fils de réclamer autre chose, *faute de besoin*. Cependant, il mange bien une ou deux côtelettes et boit un peu de punch au rhum après dîner.

» Le mois de novembre est remarquable en ce que M.... monte bien l'escalier, il n'a plus d'essoufflement. Il sort un peu dans la journée, quoiqu'en hiver, mais lorsqu'il fait soleil, entre 10 heures du matin et 2 heures après midi, en ayant soin, selon ta recommandation, de se couvrir *la bouche* et *le nez* avec un cache-nez en laine ou un mouchoir.

» Bref, le traitement a duré du mois de juin 1873 au mois de novembre 1875, époque à laquelle, de ton avis et de bien d'autres, mon fils était complètement guéri. *Pas un jour* ne s'est passé entre ces deux dates sans qu'il ait absorbé au moins *un litre de lait*, et il ne s'en est jamais fatigué. Par reconnaissance, il m'affirme qu'il en prendra toujours au moins un verre tous les jours de sa vie.

» J'ai eu cinq vaches : toutes, dès l'abord, n'ont pas accepté les pommes de terre et la farine sans protestations. L'une est bien demeurée dix jours sans vouloir boire avec la farine, elle s'y est habituée ; je l'ai gardée six mois. Toutes ces bêtes ont été vendues au boucher, parce qu'à la fin elles étaient *trop grasses* pour être vendues à des propriétaires. Je suis convaincu que si l'on portait d'emblée la poudre d'os à une dose de 60 grammes, on pourrait obtenir 8 grammes de phosphate de chaux par litre. *Une vache pourra supporter trois mois cette dose de 80 grammes de poudre d'os. Passé ce temps, l'essoufflement arrive, et les valvules du cœur commencent à s'ossifier,* c'est-à-dire à s'incruster de calcaire. J'ai eu occasion de vérifier le fait, et j'ai voulu ensuite en faire l'essai. Je soumis à ce traitement une bête qui ne donnait pas de lait. En peu de temps, tous les signes de la pléthore arrivèrent avec une grande gêne de la circulation. Je suspendis la poudre d'os, et la mis en diète herbacée ; au bout de peu de temps, les accidents disparurent.

» Pour me résumer, voici dans quelles conditions il faut choisir la vache que l'on doit entraîner à la production des phosphates : Taille moyenne ; 5 ans au moins : avant cette époque, elles n'ont point acquis le développement de leur squelette et gardent trop de phosphates pour elles. Il ne faut pas qu'elles soient en état de gestation, car elles en retiennent pour former le squelette de leur veau ; enfin qu'elles ne donnent pas plus de trois à quatre litres de lait par jour.

» Quand mes vaches avaient été soumises au régime indiqué pendant quinze jours, leur lait changeait de saveur et prenait une teinte d'un blanc plus mat. Chacune de ces bêtes, en entrant, avait un lait différent de celui des autres. Le malade surtout s'en apercevait bien au goût et à la façon dont l'estomac digérait. Après quinze jours de régime, tous ces laits étaient devenus semblables. »

» Signé : A...., vétérinaire. »

Ces quelques lignes qui précèdent sont écrites par un homme de l'art, père alarmé qui comprend que la physiologie et l'hygiène peuvent seules venir à notre secours, qu'il faut nourrir le malade quand même et à tout prix, et lui procurer par sa nutrition ce que l'on commence à considérer comme *un des meilleurs remèdes de la phthisie*, les *sels phosphatés alcalins et terreux*, et les *chlorures de même catégorie.*

L'estomac de notre jeune malade fonctionnait très-mal et, pour ainsi dire, ne fonctionnait plus, tant les vomissements étaient fréquents. Le lait réussit ici comme dans tant de cas désespérés de gastrites, de gastralgies, d'ulcères simples, que la diète lactée seule réussit si souvent à guérir.

Grâce à la grande quantité de matières salines qu'il contient, la digestion de ce lait est beaucoup plus facile, les glandes peptiques sont soulagées dans leur travail; et ce lait n'a plus ni la même saveur ni la même couleur que le lait ordinaire. Essayez d'y mettre tous ces sels provenant d'un laboratoire : chimiquement parlant, nous aurons la même analyse; physiologiquement, ce n'est plus la même chose. La cornue a été remplacée ici par un organisme vivant en fonction, et ces sels inorganiques, préparés dans l'intimité des phénomènes de nutrition, doivent avoir, avec leurs similaires de provenance chimique, des différences morphologiques au moins que nous ne saurions apprécier avec nos moyens ordinaires, mais que les tissus vivants, sains ou malades, savent parfaitement démêler.

J'ai quelquefois essayé de mettre du chlorure de sodium dans le lait ordinaire; j'y ai quelquefois ajouté du sirop de Coire ou de Dusart, qui jusqu'ici sont les meilleures préparations de phosphates obtenues. Eh bien! ou le lait se coagulait au bout de quelques instants, ce qui indiquait un léger excès d'acide libre dans la liqueur, ou bien les malades le prenaient avec dégoût et le digéraient plus difficilement. Aussi, toutes les fois qu'il m'a été donné de soigner des phthisiques qui n'étaient point propriétaires de vaches, mais qui pouvaient se procurer du lait, *j'ai fait prendre le lait seul et les préparations phosphatées à part*, et dans trois cas, je m'en suis victorieusement servi. Malheureusement, les préparations de Dusart et de Coire sont encore trop chères pour être d'un usage absolument général ; car il faut revenir longtemps et trop souvent à la pharmacie.

Vous avez pu remarquer dans les analyses du lait que j'ai fait passer sous vos yeux, que le lait de femme était *le plus riche en phosphate de chaux*. Il paraîtrait qu'autrefois on y a eu recours. Baumes rapporte qu'un Anglais, arrivé au dernier degré de la pulmonie, prit successivement deux nourrices et guérit complètement au bout de quatre mois et demi.

Et je trouve dans Lazare Rivière après la citation que j'en ai faite plus haut : *Lac omnes intentiones* et ce qui suit : *Cum autem varia sint lactis genera, omnibus præferendum est muliebre, utpotè naturæ nostræ magis familiare, utiliusque erit, si ex ipso ubere sugatur.* Hujus usu *se aliquos restitutos vidisse testatur Platerus : Ex iisque unum non solum convaluisse sed etiam tantas vires recepisse, ut, ne lac sibi in posterum deficeret, nutricem de novo imprægnarit*, et il ajoute naïvement : *At quia multi ob eo lacte abhorrent* usitatius est asinum. — Nous nous dispenserons d'en dire plus long sur les causes qui excluent l'idée de cet aliment direct. Nous avons fait remarquer que notre lait phosphaté contenait également une grande richesse *en lactose ou sucre de lait* provoquée sans doute par l'absorption de la fécule. Pourquoi ne remplirait-il pas les mêmes indications que le petit lait qui ne contient que du sucre de lait en solution ainsi que des sels et de très-faibles quantités d'albumine et de matières grasses ; ce qui fait que ses propriétés alimentaires sont nulles. Comme il est légèrement purgatif, il peut aider à soulager les états gastro-intestinaux si fréquents au début de la tuberculose ;

il peut faciliter l'expectoration et calmer la toux, et, comme ceux qui s'y soumettent vont chercher les moyens de suivre *cette cure* dans des pays admirablement situés, à une certaine altitude, dans de bonnes conditions hygiéniques, quoi d'étonnant que *stimulant la nutrition générale*, on voit des tuberculoses enrayées ou améliorées après une cure bien suivie ? Et encore, ce ne sont que les riches qui peuvent se payer ces cures. — Eh bien ! je dirai que celui qui possède du lait phosphaté sous sa main, peut en retirer facilement le petit lait, si l'indication d'absorber pendant quelques jours cet élément existe; mais il est formellement contre-indiqué dans la forme apyrétique de la maladie où le régime réparateur et substantiel est de toute nécessité. Quant aux objections qu'on pourrait nous faire que beaucoup de malades supporteront difficilement la diète lactée au delà de quelques jours, nous répondrons que si c'est quelquefois un fait assez commun, il est en général très-facile d'y remédier. Il ne s'agit pas d'abord de *diète absolue* mais de *cure* par l'emploi sagement étudié du lait. Il est certain que le premier point important est de varier la sapidité du lait qui par lui-même est fade. Le lait phosphaté, fortement chloruré, obtenu par une nourriture fortement saline et très-substantielle d'une vache, a déjà une saveur *sui generis* qui ne déplaît pas au palais, et l'estomac s'en fatigue bien plus tard que du lait ordinaire. Quand l'inappétence pour ce lait phosphaté a commencé à se faire sentir, je n'ai point reculé devant l'adjonction au lait de substances diverses et en particulier de quelques-unes qu'on n'aurait point autrefois mêlées sans grand effroi : c'est tantôt l'eau de laurier-cerise, tantôt le cognac, le punch au rhum ou au kirsch. Toutes ces substances mêlées au lait en différentes proportions selon la tolérance des malades ou plutôt le goût de chacun d'eux, permettent à l'estomac de digérer le lait phosphaté très-longtemps, aident même à sa digestion et à son assimilation déjà facile ; et, j'ai pu par ce moyen prolônger la cure lactée 4, 5, 6 mois, sans que mes malades, qui voulaient du reste guérir, se soient plaints de dégoût et d'inappétence. Lorsque la constipation survient chez ceux que je crois bon pour un certain temps de tenir à la diète lactée forcée, je permets l'usage de fruits cuits légèrement laxatifs. Chez deux d'entre eux, qui avaient le lait en aversion, j'ai réussi au bout de quelques jours à obtenir la tolérance en faisant prendre avant l'ingestion du remède-aliment, quelques gouttes de préparation narcotique. J'en ai vu d'autres qui toléraient beaucoup mieux le lait bouilli, c'est-à-dire cuit et d'autres qui le supportaient mieux tiède que chaud. Il n'y a donc pas à formuler de règles absolues. Chaque malade doit être les premiers temps bien observé. On tiendra compte des remarques qu'il vous fera ; et d'après ses réponses qui seront toujours sincères, on cherchera à éviter les écueils du traitement en essayant des divers moyens énumérés plus haut. Une grande condition du succès *c'est d'avoir soin de mettre le malade qui va prendre le lait dans les conditions d'un enfant qui tète sa mère.* Ne laissez pas le lait séjourner à l'air. Recevez-le dans un vase métallique ou de verre toujours bien propre, bien nettoyé et échauffé dans l'eau. Que le malade se tienne à l'écurie s'il peut sortir, près de l'animal qui donne le lait, et l'absorbe immédiatement. Si le malade est couché, que le lait lui soit porté rapidement de l'étable. *Lac autem recentissime mulctum et adhuc calens hauriatur. Idcircà inducta propè cubiculum asina aut capella in vas calefactum mulgeatur. Non prandeat æger, donec lac benè coctum ventriculo secesserit, et æger fame provocetur ad cibum.* (Lazare Rivière.) Je souscris à tous ces préceptes anciens qui sont tous fort sages. Si quatre litres de lait sont nécessaires pour faire l'équivalent de la nourriture indispensable à un homme adulte qui travaille, un litre et demi de notre lait phosphaté est suffisant pour nourrir absolument un malade. Nous avons légèrement modifié la nourriture de nos bêtes :

nous avons remplacé la farine d'orge par le son de blé
grossièrement concassé par la meule. C'est en effet sous la
pellicule jaune de son enveloppe, que le grain de blé recèle
les phosphates qu'il contient. Nous donnons d'emblée à
une vache 60 gr. de poudre d'os pulvérisés par jour, divisés
en trois prises et toujours 30 gr. de chlorure de sodium,
pour une chèvre 30 gr. de poudre d'os et 15 de chlorure de
sodium. Il faut tenir ces animaux dans une étable bien
aérée et chaude, et les entretenir dans un grand état de
propreté. Il est utile de les mener boire à la fontaine et de
les emmener au pâturage vert deux fois par semaine. Les
gens dans une très-modeste aisance peuvent faire ce sacri-
fice sans trop charger leur bourse, car pour la vache, ils
pourront s'en défaire à bénéfice pour la boucherie, le régime
qu'elles suivent les poussant à l'embonpoint rapidement.
Je ne crains point la stabulation pendant l'hiver, pour les
malades qui habitent les régions montagneuses. Les maisons d'habitation y sont si mal construites, que le froid y
tuerait les phthisiques. L'air est d'autre part si vif et si pur,
qu'en ouvrant deux fois par jour la porte pendant 10 minutes,
l'échange est bientôt fait. Mais il faut obtenir que les urines s'écoulent, que les matières fécales soient enlevées tous
les jours, pour que la décomposition ammoniacale n'ait pas
le temps de se produire.

L'hibernation de mes malades est très-simple : l'étable
pour ceux qui sont dans les villages ; la chambre avec une
bonne cheminée chauffée au bois pour ceux de la ville. Il
ne faut jamais sortir quand la température est au-dessous
de zéro et par les vents du nord, de l'est et nord-ouest.
On peut se faire une prison agréable, et dès qu'elle est
volontaire on la subit avec résignation, surtout quand on
sait que c'est pour guérir. Il faut se défier des beaux jours,
et si l'on sort, faire tamiser l'air à travers un cache-nez
qu'on tient bien appliqué sur la bouche et les fosses nasales.
Je ne tiens nullement aux hautes altitudes pendant l'été, ni

au bord de la mer pendant l'hiver. J'ai vu des phthisiques mourir rapidement à Civita-Vecchia et sur la côte d'Italie. *Se traiter chez soi, s'y créer les ressources hygiéniques indiquées ;* voilà un bon moyen. On n'est jamais assez pauvre à la campagne pour ne pas pouvoir acheter au moins une chèvre, faire la dépense d'un peu de farine, de quelques os, et d'un peu de sel pour lui donner. On aura avec cela *un bon aliment et un bon remède.* Je voudrais bien qu'il arrivât ceci, si je pouvais convaincre tous mes confrères: c'est qu'au voisinage des eaux minérales fréquentées par les phthisiques, Eaux-Bonnes, Cauterets, Saint-Honoré, le Mont-Dore, la Bourboule, on créât des maisons de santé, agréablement situées, qui, sous la direction de médecins expérimentés, recevraient des malades, qui sortant d'une saison d'eaux, viendraient s'y reposer deux mois pour y suivre après la cure minérale, la cure lacto-phosphatée. Je suis intimement persuadé que *deux mois de cette cure suivant une bonne saison thermale* mettraient nos malades dans d'aussi bonnes conditions qu'il serait possible, pour être capables d'hiverner chez eux agréablement, en suivant toutefois les règles hygiéniques ci-dessus énoncées. Je ne suis pas éloigné de croire que deux années bien suivies de ce traitement combiné, suffiraient à *enrayer pour longtemps* les manifestations tuberculeuses, *sinon les guérir* d'une façon *presque absolue.* Il faudrait au surplus que ces établissements sanitaires fussent élevés à mi-côte, bien exposés au midi avec une façade au nord, pendant les grandes chaleurs, des promenades abritées, et un terrain aussi sec qu'il serait possible. *Les coulées volcaniques seraient à rechercher à ce point de vue.* Mais ici rien n'est absolu. Un peu d'intelligence et de la bonne volonté permettront de donner à nos malades, dans n'importe quelle maison que ce soit, même les maisons pauvres un aménagement meilleur tant qu'on suivra notre cure. Je viens de lire dans un des derniers numéros de mon journal de médecine le *Projet de*

*création de stations hospitalières sur les bords de la Médi-
terranée* (par le ministre de l'intérieur), établissements où
pourraient être envoyés aux frais des communes, les indigents atteints de phthisie non encore arrivée à la période
incurable. Qu'on y établisse comme dépendances des
vacheries où les animaux seront traités par ma méthode,
les bons résultats ne se feront pas attendre. Comme le
nombre des phthisiques indigents est plus grand à Paris
qu'ailleurs, il serait important que l'assistance publique
établît un hôpital de phthisiques dans les ruines du château
de Meudon, par exemple, ou dans les casernes construites
sur les remparts de la ville, qu'une vacherie y fût annexée
et que tous les phthisiques fussent envoyés là et dans
d'autres maisons analogues qu'on créerait autour de Paris.
On débarrasserait nos hôpitaux ordinaires de cette foule de
cadavres ambulants que la phthisie y amène, et qu'on n'y
peut absolument pas guérir. Un jour viendra où cela se
fera. Le plus tôt sera le meilleur.

Il est de règle d'affirmer en médecine par des observations
les *prétentions qu'on avance*, mais je sais aussi avec quelle
facilité, quel entraînement naturel chaque auteur fait plier
les faits, et en force souvent l'interprétation à son profit. Je
vous en ai livré une dans le courant du mémoire qui est
bien digne d'être méditée et pesée et dans laquelle je n'entre absolument pour rien. Comme je suis pressé par le
temps et que je n'ai plus que quelques heures devant moi,
je vais tâcher de vous en donner très-succinctement encore
deux ou trois, ayant toujours en esprit le vieux principe :
non numerandæ, sed ponderandæ sunt observationes.

J...., de Verneughe, commune d'Aydat, région montagneuse du canton de Saint-Amand, artilleur pendant la
guerre est envoyé dans ses foyers après la paix faite. Il est
traité pendant six mois par un vieux confrère qui déclare
à son père que le mal est au-dessus de tout remède. Je suis
appelé en mars 1872. Je le trouve amaigri, pâle, décoloré,

toussant beaucoup. Et pourtant c'est un grand bel homme, bien charpenté, qui est devenu accidentellement phthisique. Les sommets des deux poumons crépitent sous l'oreille, la respiration y est très-soufflée, rude avec des bouffées de craquements humides. Du côté droit, sont des cavernules surtout en arrière. La toux est fréquente, l'expectoration assez abondante, la fièvre presque continue, l'anorexie complète. Je fais la révulsion cutanée avec des vésicatoires volants, j'emploie l'opium pour calmer la toux, et vu l'état des lieux je m'empresse de l'établir dans l'étable où vivent huit vaches, en recommandant de prendre les précautions indiquées plus haut. On choisit la meilleure laitière, on lui donne et du meilleur fourrage et de la farine et une ration de sel plus forte; l'ordre est donné au malade de boire 6 grands verres de lait sortant du pis de cette vache tous les jours. — Je reste deux mois sans le revoir, quel changement à mon retour! Il a suivi ponctuellement mes ordres. Son teint est animé, sa voix plus forte, ses muscles plus vigoureux. Ses membres, me dit-il lui-même, sont revenus. Il mange bien autre chose que du lait depuis un mois; mais, il ne peut se passer de son lait. J'ausculte, je trouve les sommets des poumons bien améliorés. La respiration est beaucoup moins rude, l'air pénètre beaucoup mieux, je suis obligé de faire tousser à plusieurs reprises pour percevoir des craquements humides. J'engage le malade à persévérer et lui donne la permission de manger du lard et du petit salé et de boire du vin. Il a passé l'été, en rendant à sa maison de petits services agricoles qui ne nécessitaient point de grands efforts. Il a souvent gardé le troupeau de moutons qu'il emmenait paître. L'hiver arrive, je le fais couvrir de laine appliquée directement sur la peau. Il continuera à boire 4 verres de lait par jour, et séjournera dans l'étable comme l'année précédente. Tout l'hiver il a fait de la révulsion au moyen de teinture d'iode sous les clavicules et vers les omoplates. Au printemps suivant, il vient de son pied dans mon cabinet. Je ne le reconnais plus. Ses deux sommets respirent sans craquements. Il me demande la permission de labourer, je la lui accorde, mais en lui recommandant d'éviter à tout prix les pluies et les grands vents. Nous sommes en 1877, le jeune homme boit toujours du lait et hiverne dans son étable. C'est aujourd'hui un homme robuste, se livrant aux travaux agricoles. — Il y a six ans, il était réformé pour phthisie pulmonaire.

Madame C... d'Orcet est une jeune femme âgée de 22 ans. Quoique de petite taille elle est d'une apparence si florissante qu'on la cite comme un type de fraîche et brillante santé. A la suite d'une première grossesse et de l'allaitement qui s'ensuivit, elle devient phthisique. Je commence à la mettre dans des conditions hygiéniques les plus favorables et cela dans sa maison. Les deux poumons sont également pris. Presque tous les 15 jours il y a des hémoptysies. Je fais une révulsion très-active sur la peau au moyen de vésicatoires et d'huile de Croton. Je la soumets à la diète lactée presque absolue, et comme la vache laitière ne lui appartient pas, je lui fais prendre en même temps que quelques gouttes de liqueur de Fowler, trois grandes cuillerées de sirop de Dusart, lacto-phosphate de chaux. L'hiver se passe sans grande amélioration du côté des poumons, mais le mal n'a pas augmenté. Il reste limité sous les clavicules et les fosses sus-épineuses. Depuis trois mois les hémoptysies ne se sont plus reproduites. Elle va se consulter à la ville, on l'expédie au Mont-Dore avec une ordonnance toute faite. Elle ne consulte aucun médecin à la station. Elle boit de l'eau d'une façon immodérée, et revient exténuée avec une laryngite et après des hémoptysies qui se sont presque répétées tous les jours depuis qu'elle a pris les eaux. Je la condamne à tenir la chambre, et la remets au lait avec sirop de Coire, cette fois au chlorhydro-phosphate de chaux. Je continue la révulsion sous les clavicules et aux fosses sus-épineuses, et lui applique de la teinture d'iode au larynx, extérieurement bien entendu. Elle passe assez bien son hiver, reprend de l'embonpoint. Elle continue toujours son lait et prend une solution de phosphate de chaux que M. Gautier-Lacroze, pharmacien à Clermont-Ferrand, m'a préparée. L'état du poumon sous l'influence de l'été s'améliore; le poumon gauche respire, quoique rudement encore, le poumon droit au sommet offre encore quelques craquements humides et quelques grosses bulles.

Au mois d'août les règles reparaissent faiblement, et si madame C... ne les a plus revues c'est qu'elle vient d'accoucher d'un petit garçon parfaitement constitué. J'ai fait continuer le lait et les phosphates tout le temps de la grossesse et défendu l'allaitement. Aujourd'hui madame C..., relevée de couches, a de l'appétit, ne tousse plus, elle ne conserve qu'un peu de raucité dans la voix. Elle continue son traitement auquel elle est habituée et qui ne la fatigue point. J'ai confiance qu'avant un an elle sera délivrée des derniers symptômes. (Aujourd'hui, 1880, elle est guérie.)

Mademoiselle G..., d'un pays voisin, âgée de 20 ans, passe à juste titre pour le modèle de la santé et de la beauté. Mais on ignore assez qu'elle porte un chapelet de ganglions qui du cou pénètrent dans la loge thoracique. Elle est allée une première fois à la Bourboule. En 1874 elle est atteinte d'une conjonctivite pustuleuse dont elle guérit. Elle contracte mariage et en 1875 accouche d'un garçon qu'elle ne nourrit pas. Je suis appelé trois semaines après ses couches. Je constate un vaste épanchement pleurétique à gauche, des craquements très-prononcés aux deux sommets, et j'ai à lutter en même temps contre un engorgement du sein droit qui a dû être ouvert quelques jours après avec le bistouri. On ne saurait se faire une idée de la quantité de pus qui s'en est échappé. Les parents qui étaient prêts à tous les sacrifices pour sauver leur fille, installèrent une bonne vache laitière dans les conditions indiquées par moi. La malade fut nourrie exclusivement de lait phosphaté, et de consommé de viande. Elle ne prit aucun autre remède. Je fis une révulsion très-énergique avec les vésicatoires et l'iode qui me semblait indiqué ici. Aujourd'hui la malade est aussi florissante qu'autrefois, mais elle prend de grandes précautions. Cette malade a été vue et examinée au Mont-Dore par le docteur Chabory. Je n'en dirai pas davantage. Au surplus, je n'en aurai pas le temps.

J'ai de bonnes nouvelles de tous les côtés, des confrères qui ont bien voulu appliquer ma méthode. Quant à celui que j'ai désigné au début de ce mémoire et que je n'ai point l'honneur de connaître personnellement, qu'il sache que le cocher de madame de M..., m'avait été conduit à Clermont-Ferrand, il y a trois ans, par ordre de ses maîtres ; que reconnu phthisique, il avait reçu de M. A...., vétérinaire à Maringues, qui l'accompagnait à ce rendez-vous, toutes les notes nécessaires pour son traitement. Si le cocher est guéri et si les notes à lui remises ont été livrées au médecin ordinaire de la maison, ce n'est pas une raison pour que ce dernier s'en prévale comme d'une chose de son invention !

Sic vos non vobis...

Saint-Saturnin près Clermont-Ferrand, le 29 avril 1877.

CONCLUSION.

—

Trois ans se sont écoulés depuis que ce Mémoire a été écrit. L'application du traitement de la phthisîe par la diète lacto-phosphatée animale, est passée dans la pratique courante de notre voisinage. Dire qu'il n'y meurt plus de phthisiques, je m'en garderai ; mais affirmer que c'est la faute du traitement qui ne tient pas ses promesses, ne serait pas plus juste. Deux confrères seulement avec moi ont su se décider à l'appliquer dans sa rigueur ; et nous avons eu ensemble des succès complets. Beaucoup d'autres n'ont pas su insister près des familles, pour les amener à ne se servir que de poudre d'os et de son de blé dans la nourriture des femelles laitières, et ont trop facilement prescrit le phosphate de chaux des pharmacies. Un pharmacien de Clermont-Ferrand me disait, il y a trois ans : « Je ne puis depuis quelque temps m'approvisionner d'assez de phosphate de chaux que l'on m'achète pour donner à des vaches laitières, tout le traitement que vous avez signalé se propage, amenant, dit-on, partout de fort bons résultats. » — « J'ai bien peur, répliquai-je, que l'on n'obtienne ainsi que des améliorations momentanées et aucune cure ; que les améliorations ne se maintiennent que le temps que durera la diète lactée qui reste encore bien supérieure au traitement dit tonique et fortifiant, qui surexcite à outrance et sans les nourrir des malheureux que la fièvre mine et consume de toutes parts ; et la raison, c'est que je compte peu sur l'absorption par l'estomac et la restitution par les

mamelles de votre phosphate de chaux. » — Je répète encore une fois que l'estomac des ruminants ne digère pas
mieux les phosphates de chaux insolubles que la chimie
prépare, que ne le ferait l'estomac de l'homme, surtout du
phthisique. J'en ai fait l'épreuve chimique autrefois et j'ai
toujours retrouvé dans les déjections fécales des vaches laitières, les phosphates insolubles que je leur avais adminis-
trés. On ne peut abreuver ces animaux des solutions de
phosphates que certains pharmaciens préparent comme
spécialités. Ce serait trop cher, par conséquent peu pratique.
Voilà pourquoi il faut de toute nécessité en revenir à la
formule d'alimentation que j'ai indiquée dans le corps de ce
mémoire; car, toutes les fois, sans exception, qu'elle a été
employée, il en est résulté, même pour des phthisiques au
troisième degré, une véritable et prompte amélioration.
Les répits sont beaucoup plus longs et les symptômes ne se
déroulent plus avec la même violence ni la même rapidité
qu'autrefois; et il reste, au médecin comme au malade, le
temps de combiner et préparer des armes nouvelles.

Même en dehors des chlorures et des phosphates salino-
calcaires que je fais apparaître aujourd'hui dans le lait, je
déclare qu'une grande amélioration dans les plus pénibles
symptômes, toux, fièvre et insomnie, ne tarde pas à récom-
penser les phthisiques qui se décident à absorber de
grandes quantités de lait frais, ne fût-il que du lait ordinaire d'une bonne vacherie. Quelle est donc la raison qui
puisse expliquer un pareil résultat? C'est un malade fort
intelligent, guéri aujourd'hui, qui me donna la première
leçon et un second qui finit par me convainere. En 1871, je
venais d'examiner un phthisique âgé de 21 ans. Je lui pres-
crivis le régime classique, reconstituant, une nourriture
bien choisie, assez forte pour être tonique, viandes rôties,
poisson, vin de Bordeaux, etc. « Tout cela est bien, me
dit-il, et comme vous n'êtes pas le premier médecin que
j'appelle, je constate que vous êtes tous d'accord sur le trai-

tement, mais il y a une grande difficulté sur laquelle vous ne m'interrogez pas. Depuis le commencement de ma maladie, j'ai la fièvre et la toux, et le régime tonique que vous me conseillez m'inspire un dégoût absolu et la viande me fait horreur. C'est au prix de violents efforts que j'avale sans trop y goûter quelque peu de viande et de vin. Et aussitôt après l'estomac souffre, la fièvre augmente. J'ai toujours soif, mon sommeil est agité par des rêves de sources d'eaux vives auxquelles je voudrais tremper mes lèvres. Trouvez-moi donc autre chose. Si je pouvais boire mes aliments ! » Ce trait me frappa. Je soignais en ce temps-là, une jeune femme atteinte d'un grave ulcère de l'estomac qui s'était révélé par des hématémèses très-abondantes. Les forces de la malade se relevaient vite, grâce à une diète lactée absolue, faite dans d'excellentes conditions au point de vue de la qualité et de la quantité du lait, mis frais à sa portée au premier signal qu'elle donnait.

Je me demandai si la dyspepsie atonique qui accompagne toujours l'évolution du tubercule ne serait pas justiciable de ce traitement. — La fièvre ne devait pas m'arrêter, puisqu'elle tenait sans doute aux phénomènes congestifs, qui accompagnent dans le tissu pulmonaire l'évolution tuberculeuse, et je savais que Graves avait considéré comme un de ses plus beaux titres de gloire d'avoir nourri les fiévreux. Toutes ces considérations m'amenèrent à dire à mon malade : « Mettez-vous en nourrice. » — Il accepta avec joie la proposition et nous décidâmes qu'on ne parlerait plus de vin ni de viande pendant un grand mois. Nous réglâmes ainsi la nourriture : trois repas par jour consistant dans l'absorption d'un bol de lait tout fraîchement tiré et rapidement absorbé. Ce bol de lait tenait trois quarts de litre. Dans le courant de la journée, pour calmer la soif qui était vive, tisane de lichen blanchie avec une cuillerée de lait. — Deux fois trois gouttes de liqueur de Fowler dans la journée, un peu d'opium le soir, de la révulsion sous les clavicules par de légères pointes de feu, tel fut l'ensemble du traitement employé. Le résultat dépassa si bien nos espérances et celles surtout du malade que par reconnaissance, aujourd'hui, après neuf ans, il boit toujours du lait, mange peu de viande, en revanche, beaucoup d'œufs, et des légumes verts ou secs à discrétion. Il prend du café, du thé, de l'eau rougie, mais a formellement renoncé au vin pur et aux liqueurs fortes. Il était phthisique au second degré et depuis il n'a jamais eu de rechutes. Plût à Dieu que tous nos malades fussent aussi dociles, intelligents et confiants dans leur médecin, que l'a été celui-là. Il sait très-bien se soigner lui-même aujourd'hui.

Le second malade était une jeune paysanne d'un village du canton de Saint-Amand, mère de deux enfants à 23 ans et qui présentait les symptômes d'une phthisie à marche rapide survenue à la suite de l'allaitement de son deuxième enfant. L'anorexie et la fièvre marchaient de pair. L'aisance de la famille était plus que modeste et on faisait de grandes économies pour acheter de la viande de boucherie, quelques biscuits et du vin. — Deux bonnes vaches laitières étaient cependant dans l'étable et on vendait leurs produits pour procurer à la malade le vin de quinquina et la viande dont le bon curé du village avait conseillé l'usage. Et la malade peu accoutumée à ce régime ne prenait ces aliments qu'avec répugnance et sans profit. Je crus devoir frapper l'esprit de l'entourage de la malade et de la malade elle-même pour obtenir toute leur confiance. Je leur fis comprendre que le mal venait d'un épuisement produit par la lactation de son second enfant, et que boire beaucoup de lait d'une vache serait le meilleur moyen, pour elle, de se refaire des pertes qu'elle avait éprouvées : d'autant mieux que je leur indiquerais le moyen de rendre le lait de cette vache médicamenteux. Je leur dis donc de donner beaucoup de sel à la vache meilleure laitière, des pommes de terre cuites et beaucoup de son de blé. Le seul remède pharmaceutique

que j'employais fut une solution arsenicale dont chaque cuillerée contenait 5 gouttes de liqueur de Fowler. Je fis installer son lit dans l'étable que l'on me promit de bien aérer et de tenir très-propre. Je fis la révulsion avec deux cautères potentiels sous chaque clavicule. Au début du traitement deux hémoptysies survinrent à deux jours d'intervalle qui soulagèrent la malade. Après un mois de traitement les sueurs nocturnes disparurent, la toux s'apaisa, et quatre mois après, les règles s'établirent. Cette jeune femme a mis au monde depuis cette époque deux autres enfants que par mesure de précaution je l'ai empêchée de nourrir. Elle vaque aujourd'hui à ses affaires, buvant toujours du lait qui fait le fond de sa nourriture et prenant de très-grandes précautions contre les intempéries. La respiration est toujours rude aux sommets, mais il n'existe plus de râles cavernuleux ; et, somme toute, elle vit de sa vie ordinaire, voyant croître et s'élever sa petite famille. Il me revint alors à l'esprit que mon père, vétérinaire doué d'un sens médical très-pratique, m'avait souvent fait la remarque que jamais il n'avait trouvé dans ses autopsies un seul chien tuberculeux, tandis que à tous moments aux boucheries voisines on pouvait voir les tubercules cribler les poumons des moutons et des vaches. Il attribuait le phénomène à l'énorme absorption de phosphates calcaires consommés par les animaux qui avaient si souvent l'occasion de se mettre des os sous la dent. C'est même ainsi que j'ai appris que l'*Album Græcum* faisait partie de l'ancienne pharmacopée.

Pendant que j'obtenais ces premières cures si remarquables, je perdais deux autres phthisiques dans le territoire vinicole du canton et du canton voisin. Il serait à souhaiter que les sociétés de tempérance envoyassent des missionnaires ici. L'alcoolisme fait chez nous des progrès effrayants, et le mal est d'autant plus grand que nos paysans n'hésitent pas à remplacer le lait par le vin pour leurs nourrissons dont la mortalité devient de plus en plus effrayante. Aussi la race, si belle et si robuste autrefois, va se dégradant; et ils font peine à voir les tristes contingents qui se présentent depuis quelques années devant les conseils de révision. — Je ne pus empêcher de boire immodérément du vin à deux malheureux jeunes hommes alcoolisés, devenus phthisiques. Je perdis même absolument la confiance de l'un d'eux, pour lui avoir signifié que l'usage du lait seul pouvait le tirer de ce mauvais pas. Un officier de santé me remplaça, qui encouragea au contraire le malade dans ses funestes habitudes, et le malheureux, âgé de 32 ans, ne tarda pas à succomber dans un état d'émaciation squelettique; le second le suivit un mois après dans la tombe. J'étais bien obligé, en présence de faits si éloquents, de conclure que le vin qui, par l'abus qu'on en fait, peut conduire à la phthisie, est nuisible aux phthisies aiguës; que le lait, au contraire, leur est favorable; que les viandes rôties inspirent du dégoût, et ingérées augmentent la fièvre des malades; que la caséine du lait, au contraire, quoique identique à la fibrine au point de vue chimique, se laisse plus facilement absorber malgré l'anorexie, puisqu'elle est liquide et que la soif des malades et leur appétence pour les liquides vient en quelque sorte combattre les effets de l'anorexie.

Je conclus dès ce jour qu'il fallait supprimer chez les phthisiques la prescription de ce que l'on est convenu d'appeler le régime gras, tonique, et de substituer le régime maigre, adoucissant, dont la diète lactée serait le type le plus pur et le plus parfait. J'en étais là de mes théories et de leur application pratique, quand m'arriva la lettre de M. A...., vétérinaire très-distingué du département, ancien condisciple de mon père, qui m'appelait au secours de son fils, unique enfant, qu'une phthisie à marche rapide venait de surprendre au Puy, dans le cours de son volontariat d'un an. Comme je me tenais au courant de tous les travaux concernant la cure de la phthisie, je résolus cette

fois de mettre à contribution et la diète lactée et les phosphates ensuite, et l'idée me vint de profiter de la science
du père pour, de ces deux traitements, ne faire qu'une seule
et même cure. Nos premiers essais furent des tâtonnements,
mais nous arrivâmes enfin à formuler nettement et le régime
de nos vaches nourricières, et l'hygiène à laquelle nous
devions les soumettre. Nos efforts furent couronnés d'un
plein succès. Aujourd'hui, en 1880, notre jeune et cher
malade est un homme robuste de 26 ans, qui ne présente
absolument aucune trace d'une phthisie qui l'a fait réformer
à tout jamais du service militaire, que trois professeurs de
l'École de Médecine de Clermont avaient constatée, et qui
le mit vraiment à deux doigts de sa perte. Cette cure fit
grand bruit, et c'est alors que je lançai la formule dans le
domaine public. Citerai-je le cas d'une jeune dame de 20
ans, arrivée à un terme très-avancé de phthisie, que son
médecin ordinaire comptait perdre bientôt, et qui fut si
bien relevée par cette diète lacto-phosphatée, que tous les
hivers, lorsqu'elle gagne les stations du Midi, elle se fait
suivre et accompagner de sa vache nourricière à qui certainement elle doit la vie dont elle jouit encore ! Quiconque
s'aidera de cette méthode comme dominante du traitement
et mettra à profit tous autres moyens connus pour combattre et les symptômes et les phénomènes concomitants
de l'évolution des tubercules (congestions et inflamma-
tions péri-tuberculeuses, fièvre symptomatique, troubles
digestifs, phénomènes nerveux), guérira le plus grand
nombre de ses malades. J'ai eu un puissant auxiliaire de ce
traitement, et chez moi et dans la région montagneuse,
dans la stabulation ou cure à l'étable.

Les malades acceptent fort bien ce nouveau mode de se
garantir du froid. Il n'est pas une seule station hivernale
qui garantisse aux malades une atmosphère si peu variable,
une chaleur aussi douce, aussi tempérée. Jamais je n'ai vu
la température descendre au-dessous de $+19$ et s'élever à

plus de +22°. Ajoutez à cela que l'air est humide et pas du tout excitant, comme l'air marin ; je dis même que cet air est sédatif, car vers le milieu de la nuit l'acide carbonique expiré par les vaches se mêle dans une proportion notable avec la vapeur d'eau et l'air atmosphérique, et personne n'ignore aujourd'hui de quelle valeur est le gaz acide dans la sédation de certains phénomènes nerveux pulmonaires. — En général je fais séjourner les malades à l'étable de huit heures du soir à dix heures du matin, et ils peuvent absorber leur lait phosphaté dans les meilleures conditions, puisqu'ils se tiennent près de la bête dont on tire le lait sous leurs yeux. Je profite de la sortie des malades de l'étable pour renouveler l'air, faire boire les animaux au dehors, changer leur litière, en un mot approprier l'étable, et cela chaque jour. Pour les malades qui n'ont pas d'étable à leur service, l'appartement qu'ils occupent doit être chauffé à la température constante de + 20°, jour et nuit. Voilà quelle doit être la véritable, l'utile hibernation d'un phthisique fortuné ou non.

A l'œuvre donc, médecins et confrères qui habitez comme nous les pays de gras pâturages où des herbages plantureux font rendre aux vaches laitières un lait crémeux, riche en caséine, en sucre de lait.

Faites comme j'ai fait moi-même, et mettez à profit tout ce qui est rapporté dans le courant de ce mémoire. Élargissez vos demeures, créez chez vous des étables spacieuses, aérées, où vous pourrez au besoin placer des lits. Prenez chez vous des phthisiques, et faites-les hiverner sous vos yeux. Une salle de billard et une bonne bibliothèque suffiront pour l'exercice musculaire nécessaire à vos pensionnaires et seront une distraction contre l'ennui. Ne prenez jamais à la fois plus de dix malades. On obtiendra ainsi la dissémination tant désirée en médecine des sujets qui sécrètent ou excrètent du pus tuberculeux, et qui (sans admettre la contagion) corrompent l'air des appartements si restreints des grandes villes ou des salles d'hôpitaux. Vous ne deviendrez pas riches à ce métier, mais vous connaîtrez un jour la joie d'avoir guéri des phthisiques abandonnés souvent par la science ou la patience de nos confrères menées à bout, et condamnés à mort par l'opinion publique. J'ai connu cette joie et j'espère la goûter plus d'une fois encore !

Saint-Saturnin, 5 mai 1880.

ÉPILOGUE.

J'allais porter ces dernières notes à l'imprimeur, quand
je trouvai, accumulés sur mon bureau, un certain nombre
d'exemplaires de mon journal de médecine, *la Revue thérapeutique médico-chirurgicale*, qui donne souvent asile à
des faits de médecine pratique très-intéressants. En lisant
le sommaire des articles publiés, je rencontrai le titre d'un
travail du professeur Regnault, de l'école de Rennes, sur
l'application du régime maigre au traitement des phthisiques. M. Regnault rend à chacun ce qui lui est dû,
et cite le livre du docteur Jousset comme la source où il a
puisé l'idée. J'ai lu et relu toutes ses observations avec le
plus vif intérêt ; elles méritaient d'autant plus mon attention, qu'elles renfermaient en grande partie toutes les propositions contenues dans ce travail et les faits que j'y
avance. Je fus heureux de ce concours aussi précieux
qu'inattendu, et j'ai le droit d'espérer que des théories qui
se sont fait jour en même temps à pareille distance, sans
que leurs auteurs aient pu communiquer entre eux, incon-
nus qu'ils sont les uns des autres, doivent avoir un grand
fonds de vérité, surtout quand elles se réclament de la
sanction de résultats et faits pratiques. Elles ne sauraient
donc désormais passer inaperçues et provoqueront, j'en
suis sûr, le public médical, tant à la ville qu'à la campagne,
à une série d'expériences qui finalement nous donneront

raison. Et c'est bien à l'expérience qu'il faut avoir recours, puisque nous vivons dans un siècle de scepticisme souvent peu poli. Le plaisir que j'éprouvai à lire la communication du docteur Regnault me fut gâté par la lecture d'un autre journal médical dont un numéro spécimen m'était adressé ce jour-là. C'était l'*Hygiène pour tous, revue de littérature médicale*, rédacteur en chef : M. Brémond. Je veux bien croire le rédacteur en chef étranger à cet article, et j'en laisse la responsabilité au praticien en chambre qui fait de la littérature médicale comme d'autres exercent un métier.

Dans l'article de fond, qui occupe trois grandes colonnes, il s'agit de faire habilement passer une réclame en bonne et due forme, pour le *pain-viande Scheurer-Kestner*. Le trop habile écrivain, qui n'a lu sans doute que le titre du travail du docteur Regnault (ce qui serait pour lui une excuse), et oubliant que le lait, les œufs qui sont prescrits dans le régime maigre renferment des matières grasses qu'on appelle le beurre et le jaune de l'œuf, plaisante ainsi :

« Que vont dire les partisans du gras (huile de foie de morue) dans le traitement de la phthisie, quand ils apprendront qu'un professeur de l'École de Rennes proclame la nécessité de mettre les tuberculeux au régime maigre. Ce que les grands prêtres de la thérapeutique diront, je l'ignore ; ce que je sais bien, c'est que Cicéron a écrit :

« Il n'est pas d'absurdité qui n'ait été soutenue par quelque savant. »

Que l'auteur ait voulu nous apprendre qu'il a lu et retenu une phrase de Cicéron, c'est bien ; mais il eût dû citer Cicéron dans la langue de Cicéron, puisque le *latin dans les mots brave l'honnêteté*. Cicéron était toujours poli pour ses collègues, et je renvoie l'auteur à Cicéron lui-même, qui a dit dans un autre endroit, pour l'édification de certains littérateurs de nos jours : que l'absurdité de la veille est souvent devenue la vérité du lendemain. »

Heureusement que MM. Jousset et Regnault, et moi-même en leur compagnie, saurons apprécier la valeur des critiques de l'*Hygiène pour tous* et l'habileté de ses réclames, et n'en continuerons pas moins à guérir des phthisiques par des moyens jugés absurdes (dans un journal de médecine qui donne des menus de déjeuner et de dîner, innovation toute scientifique), mais qui sont fort goûtés par nos malades, ce qui est le point important.

CLERMONT-FERRAND, TYPOGRAPHIE G. MONT-LOUIS.

CLERMONT-FERRAND, TYPOGRAPHIE MONT-LOUIS.